REV. KITTIM SILVA,

DANIEL,
HISTORIA Y PROFECÍA

CLIE

Libros CLIE
Galvani, 115
08224 TERRASSA (Barcelona)

DANIEL, HISTORIA Y PROFECÍA

© 1985 por el autor, Rev. Kittim Silva

Depósito Legal: B. 33.979-1989
ISBN 84-7228-975-3

Impreso en los Talleres Gráficos de la M.C.E. Horeb,
E.R. nº 265 S.G. - Polígono Industrial Can Trias,
calles 5 y 8 - VILADECAVALLS (Barcelona)

Printed in Spain

Índice

*Dedico este libro
a mis estudiantes
del Instituto Bíblico
Internacional*

Introducción
Daniel, el libro y la crítica

El libro de Daniel, a partir del siglo III, ha sido el blanco de enconados ataques. El neoplatonista Porfirio de Tiro (233-300 a. C.) fue el primero en declarar de manera radical que el libro de Daniel debía su composición a un judío ortodoxo que vivió durante el siglo II a. C., o la época de los macabeos. Desde ese entonces otros críticos se han unido a la postura de este rival de la cristiandad.

Muchos cristianos, durante el siglo XIX, volvieron a enfatizar la línea crítica de Porfirio. En la actualidad, la oposición a la autenticidad del libro de Daniel y de su autor toma tres corrientes: La crítica radical, la crítica evangélica y la crítica católico-romana.

1. La crítica radical. Esta crítica apela a ciertos argumentos de orden histórico, lingüístico, teológicos y exegéticos para descartar la autenticidad e historicidad del profeta llamado Daniel, que vivió en Babilonia entre los años 606 a. C. al año 536 a. C. (?) y del libro que éste escribió en el exilio babilónico.

a) El argumento histórico. Según las apelaciones de este argumento, el libro de Daniel presenta contradicciones de orden histórico y cronológico. En Daniel 1:1 leemos: «En el año tercero del reinado de Joacim, rey de Judá, vino Nabucodonosor, rey de Babilonia, a

Jerusalén, y la sitió.» No obstante, en Jeremías 25:1 leemos que esto ocurrió «en el año cuarto de Joacim, hijo de Josías». Luego, en Jeremías 46:2, se vuelve a recalcar «año cuarto de Joacim». Lo cierto es que entre Daniel y Jeremías no hay ninguna contradicción o equivocación. Daniel se refiere a la primera deportación de Nabucodonosor a Babilonia como el año tercero, usando la manera como en Babilonia se contaba el tiempo cuando un rey era investido para reinar. En cambio, Jeremías habla del cuarto año, tomando en cuenta la costumbre judía que contaba el año de la inauguración. Además, Daniel escribió su libro muchos años después de los hechos, y es de esperarse que escriba con cierta influencia cultural.

Otra aparente contradicción para muchos es que en Daniel 1:21 se nos dice: «Y continuó Daniel hasta el año primero del rey Ciro.» Por el contrario, en Daniel 10:1 se afirma: «En el año tercero de Ciro, rey de Persia, fue revelada palabra a Daniel...» La relación hermenéutica entre estos dos versículos es clara y fácil de ser discernida. El primer pasaje bíblico quiere señalar que Daniel permaneció en oficina hasta el año primero de Ciro, y no que vivió hasta ese año. Lo antes dicho queda demostrado a la luz del segundo pasaje ya citado.

En el capítulo 5 de Daniel se menciona a un rey llamado Belsasar. En Daniel 5:11 se usa la expresión «en los días de tu padre». Según los críticos radicales se quiere establecer que Belsasar era hijo de Nabucodonosor. Y que además, en Babilonia, no existió ningún rey llamado Belsasar. Según ellos, cuando Babilonia cayó en manos de los medos-persas el rey era Nabodido.

Hace unos cincuenta años, en la moderna Iraq (Babilonia) se decubrieron evidencias arqueológicas de que Belsasar era hijo de Nabodido. Por tal razón era segundo gobernante en el Imperio babilónico y no el primero. El mismo capítulo 5 de Daniel verifica esto: «... y serás el tercer señor en el reino». Belsasar le dijo a Daniel que lo haría el tercer señor en el reino, no segundo. La razón es que Nabodido era el primero, Belsasar el segundo, y a Daniel le promete ser tercero.

Otra objeción es que, según los críticos radicales, el escritor Daniel utiliza el título «caldeos» en una connotación religiosa y no étnica. Ya que de acuerdo a la opinión crítica-radical el título «caldeos», Nabucodonosor lo hizo aplicar a una casta religiosa muchos años después de haber reinado. Lo cierto es que en el libro de Daniel la palabra «caldeos» se emplea con dos connotaciones: religiosamente (Daniel 2:2, 4, 5, 10, 3:8, 4:7, 5:7) y étnicamente (Daniel 1:4, 5:30, 9:1).

b) El argumento lingüístico. El libro de Daniel es bilingüe en su composición literaria. Los capítulos 1 a 2:3 y 8 al 12 fueron escritos en hebreo. Por su parte, los capítulos 2:4 al 7:28 fueron escritos en arameo. Los críticos, ante este problema bilingüístico, declaran que el libro de Daniel no fue escrito por un solo autor, sino por dos autores.

Al examinar el capítulo 1:4 se nos dice: «... y que les enseñase las letras y la lengua de los caldeos». El arameo era la lengua de los caldeos. Es decir, en el proceso de culturización o contextualización al cual fue sometido Daniel y sus amigos, se le requirió que aprendiese el idioma arameo. Por tal razón, es natural que años después de su prolongada estancia en el exilio, Daniel se pueda comunicar por escrito y verbalmente en ambos idiomas. También debemos recordar que antiguamente se escribía en rollos. Es muy probable que Daniel hubiera escrito primero los manuscritos en hebreo, en rollos separados, y que luego escribió los otros manuscritos en arameo. La división en capítulos y versículos no se conocía en los días del Antiguo Testamento o del Nuevo Testamento. Esteban Langton dividió la Biblia en capítulos en el año 1220 d. C. Roberto Stephanus la dividió en versículos en el año 1551 d. C.

Es interesante señalar que los capítulos escritos en hebreo tienen aplicación particular al pueblo judío. Los escritos en arameo contienen referencias particulares a los gentiles. Daniel escribe llevando en mente el idioma de los lectores a quienes parece dirigirse.

En el libro de Daniel se encuentran, además, unas diecinueve palabras de etimología persa y unas tres de origen griego. Muchos apelan a esto para ubicar la composición literaria de Daniel en el siglo II. El profeta Daniel vivió también bajo el Imperio medo-persa; por tal razón el idioma de éstos también lo influenció. A eso se debe la citación de dicho idioma. Las tres palabras griegas, según un conocido escritor, Elvis L. Carballosa, se refieren a instrumentos musicales. Es lo lógico entender que ya la música e instrumentalización del Imperio greco-macedonio había influenciado a la cultura babilónica y medo-persa.

c) El argumento teológico. En el libro de Daniel encontraremos ciertas alusiones mesiánicas, demoniológicas, etc. Los críticos afirman que la teología revelada en el libro de Daniel no se desarrolló en el siglo VI, sino durante el siglo II. Por lo tanto, el carácter apocalíptico de Daniel demanda que se le ubique en la época de los macabeos, Antíoco Epífanez o el siglo segundo.

Según el autor Elvis Carballosa la literatura apocalíptica se caracteriza por seis elementos: *a*) El contenido profético. El mensaje proclamado transciende de la historia hasta el final. *b*) El fondo exílico. Los escritores dirigen su mensaje desde el exilio. *c*) Las visiones pueden contener simbolismos. El símbolo es algo característico que demanda seria interpretación. *d*) Dirección divina e intérprete. *e*) Contenido escatológico.

12

Se alude a temas como: la segunda venida, la tribulación, el milenio, el estado final y el juicio eterno de Dios. *f)* Revelación por medio de visiones. El escritor cita muchas visiones para que el mensaje divino sea revelado.[1]

De aceptarse este argumento teológico tendríamos que poner en tela de juicio la autenticidad e historicidad de otros libros del Antiguo Testamento, como Ezequiel y Zacarías, los cuales, en su contenido literario, son también apocalípticos y presentan una teología bastante desarrollada para su época de composición. Nos bastaría con decir que la teología del libro de Daniel tiene equilibrio con la revelación divina.

d) El argumento exegético. Los partidarios de esta postura están convencidos que el escritor de Daniel, más que un profeta, era un historiador. Él escribió sobre eventos que ya se habían cumplido en la historia. Esto los lleva a concluir que cierto escritor, en los días de Antíoco Epífanez, escribió el libro de Daniel bajo el seudónimo de Daniel. Dios es el Dios de la historia, por lo tanto la profecía es historia escrita en avance. Daniel fue un profeta que Dios usó y, por revelación, le mostró la historia que se desarrollaría delante de él y siglos después de él.

2. La crítica evangélica. En muchos seminarios evangélicos y Biblias comentadas se afirma que la composición del libro de Daniel fue en el siglo II. Estos evangélicos, al hacer así, afirman dos cosas: primero, le niegan la autenticidad al libro; segundo, le ultrajan de lo sobrenatural.

El escritor D. S. Russell declara: «... podemos decir que sobre el 250-200 a. C. la división "los profetas" estaba cerrada. Esto explica por qué un libro como Daniel no se encuentra entre "los profetas", sino entre "los escritos", pues Daniel no fue escrito hasta más o menos el año 165 a. C.».[2]

13

Muchos escritores evangélicos, al igual que D. S. Russell, encuentran base en la Biblia hebrea para atacar la autenticidad del libro de Daniel. Las Sagradas Escrituras hebreas se dividen en tres partes: la ley (Génesis, Éxodo, Levítico, Números y Deuteronomio); los profetas (Josué, Jueces, 1.ª Samuel, 2.ª Samuel, 1.ª Reyes, 2.ª Reyes, Isaías, Jeremías, Ezequiel, Oseas, Joel, Amós, Abdías, Jonás, Miqueas, Nahum, Habacuc, Sofonías, Hageo, Zacarías y Malaquías); los escritos (Salmos, Proverbios, Job, Habacuc, Sofonías, Hageo, Zacarías y Malaquías); los escritores (Salmos, Proverbios, Job, Cantar de los cantares, Rut, Lamentaciones, Eclesiastés, Ester, Daniel, Esdras, Nehemías, 1.ª Crónicas y 2.ª Crónicas).

El hecho de que Daniel, en la Biblia hebrea, se ubique entre los escritos y no entre los profetas, no da base para decirse que se escribió en el siglo II. De hacerlo así tendríamos que decir lo mismo de todos los demás libros que se mencionan en los escritos.

3. La crítica católico-romana. La posición que los teólogos y bibliólogos católico-romanos mantienen en cuanto a la autenticidad de Daniel y de su libro se hace evidente en los comentarios que ofrecen en sus versiones de Biblias católicas.

a) Versión Nacar-Colunga: «Además, en contraste con las imprecisiones e inexactitudes de la parte histórica relativa a la época babilónica y persa, están las alusiones concretas de la parte visionaria de la comunidad judaica en los tiempos de la persecución de los seleucidas (s. II a. C.). Esto nos hace suponer que la redacción del libro de Daniel hay que colocarla en la primera mitad del siglo II a. C. Esto no quita la posibilidad de que el redactor haya utilizado fuentes anteriores.»

b) Versión Biblia de Jerusalén: «La fecha de ésta (composición) queda fijada por el claro testimonio que da el capítulo 11. Las guerras entre seleucidas y lagidas, una parte del reinado de Antíoco Epífanez, se narran en él con gran lujo de detalles insignificantes para el propósito del autor. Este relato no se parece a ninguna profecía del Antiguo Testamento y, a pesar de su estilo profético, refiere sucesos ya ocurridos. Pero a partir de 11:40 cambia el tono; se anuncia el "tiempo del fin" de una manera que recuerda a los otros profetas. El libro, pues, habría sido compuesto durante la persecución de Antíoco Epífanez y antes de la muerte de éste, incluso antes de la victoria de la insurrección macabea, es decir, entre el 167 y el 164.»

c) Versión la nueva Biblia latinoamericana: «La comunidad judía que reunió los libros de la Biblia puso el libro de Daniel, no al lado de los profetas del siglo VI (en que Daniel habría vivido), sino entre los libros del siglo II a. C. Y no lo colocó entre los profetas, sino en el grupo de los escritos de enseñanza religiosa. Esto bastaría por sí solo para que no tomemos al pie de la letra lo dicho referente a un tal profeta Daniel.»

«Daniel era, en los escritos del Oriente, el nombre de un sabio antiguo al que se referían varias leyendas (ver Ezequiel 14:14). De ahí se forjó el personaje de Daniel, profeta y sabio judío, que hubiera vivido entre los desterrados a Babilonia, y cuyas palabras y ejemplos debían ilustrar en adelante a los judíos en contacto con los paganos.»

d) Versión nueva Biblia española: «La composición del libro, prescindiendo de las adiciones griegas, pertenece a la época macabaica. Más en concreto podemos datar el libro entre los años 167 y 164, o sea, entre la campaña en Egipto de Antíoco IV Epífanez y su muerte... En todo caso, el ambiente babilónico es ficticio; el autor utiliza rasgos sueltos de la tradición bíblica y no muestra demasiado interés en la precisión histórica de sus relatos.»

Las versiones católicas de la Biblia que hemos citado hasta aquí le permiten al lector tener una idea clara de la crítica católico-romana sobre el libro de Daniel. Esta argumentación católica queda debatida a la luz de las pruebas que en favor del libro de Daniel, su autor, y su autenticidad, hemos demostrado.

Una defensa al autor, Daniel

En Mateo 24:15 leemos: «Por tanto, cuando veáis en el lugar santo la abominación desoladora de que habló el profeta Daniel (el que lee, entienda)». Aquí son los labios del mismo Señor Jesucristo, quienes demuestran la autenticidad del profeta Daniel y de su libro. En su citación, Jesús alude a dos pasajes contextuales del libro de Daniel:

> «*Y se levantarán de su parte tropas que profanarán el santuario y la fortaleza y quitarán el continuo sacrificio y pondrán la abominación desoladora*» (Daniel 11:31).
> «*Y desde el tiempo que sea quitado el continuo sacrificio hasta la abominación desoladora, habrá doscientos noventa días*» (Daniel 12:11).

El escritor y escatólogo José Grau dice: «Creemos que Daniel escribió éste él mismo, si bien luego se hicieron copias, pero no en la profusión propagandística que requeriría la tesis crítica.»[3]

El escritor ya fallecido, H. A. Ironside, escribió: «Como creyente sencillo, que debe todo por toda la eternidad a lo que el bendito Cristo de Dios efectuó sobre la cruz del Calvario, prefiero aceptar su testimonio, aunque se hallara en oposición a todos los sabios de la época. Él declaró que Daniel fue profeta. No se refirió al historiador Daniel ni al visionario Daniel ni al novelista Daniel, sino al profeta Daniel —el hombre que fue iluminado por el Espíritu de Dios y que pudo, por lo tanto, hablar de las cosas que no existían como si existieran—. He de recalcar este hecho... Sostengo la plena inspiración de toda la palabra de Dios y, por tanto —necesariamente— la plena inspiración del libro de Daniel.» [4]

En Ezequiel 14:14 leemos: «Si estuviesen en medio de ella estos tres varones, Noé, Daniel y Job, ellos, por su justicia, librarían únicamente sus propias vidas, dice Jehová, el Señor.» Si Noé y Job fueron personajes reales que existieron en alguna época, lo lógico es también aceptar que el Daniel mencionado por Ezequiel no es un personaje ficticio o legendario, sino el autor del libro que lleva su nombre, que en el siglo VI fue llevado al exilio babilónico.

Para concluir esta introducción diremos que el libro de Daniel es biografía y profecía. Presenta la historia de un hombre y el mensaje que él recibió para las generaciones posteriores. Es un libro donde se demuestra cómo la providencia divina rige la historia y el destino de los hombres. Los primeros seis capítulos presentan historia cumplida; los últimos seis capítulos son proféticos, es decir, historia antes de cumplirse. El mensaje del libro es dirigido al pueblo judío y a las naciones gentiles.

La decadencia, fragilidad, degeneración y final de las naciones es manifiesta, contraponiéndosele el reinado mesiánico en su carácter teocrático y estable. Daniel, más que un profeta por oficio, como Jeremías o Ezequiel, es un servidor público con el don de la profecía.

Notas bibliográficas

1. Elvis L. Carballosa, *Daniel y el Reino Mesiánico*, pp. 27-28.
2. D. S. Russell, *El período intertestamentario*, p. 57.
3. José Grau, *Las profecías de Daniel*, p. 10.
4. H. A. Ironside, *Daniel*, pp. 11-12

1

El exilio de bendición

Este primer capítulo del libro de Daniel es histórico en su contenido, y no escatológico. En el mismo encontramos una serie de profecías cumplidas cuyo contexto histórico está en 2.ª Reyes 24:1-7; 2.ª Crónicas 35 al 36 y Jeremías 25. Es importante observar que Daniel no escribe en primera persona, sino en tercera persona. Presenta la narración de manera objetiva y no subjetiva. Su interés no está en hacerse héroe de la historia, sino presentar a Dios como el héroe supremo de todas las cosas y de poner de manifiesto la providencia de Dios en la historia y destino humanos.

La deportación de Daniel (versículos 1-2)

Verso 1-2: *«En el año tercero del reinado de Joacim, rey de Judá, vino Nabucodonosor, rey de Babilonia, a Jerusalén y la sitió. Y el Señor entregó en sus manos a Joacim, rey de Judá, y parte de los utensilios de la casa de Dios, y los trajo a tierra de Sinar, a la casa de su Dios, y colocó los utensilios en la casa del tesoro de su Dios.»*

El rey Joacim, aquí mencionado, era hijo mayor del gran rey y reformador religioso Josías. A la edad de ocho años Josías comenzó a reinar, con un reinado que cubrió unos treinta y un años (2.ª Reyes 22:1). En su rectitud ante Dios es comparado con David (2.ª Reyes 22:2). Después de reinar ocho años comenzó a buscar a Dios, cuatro años después había comenzado una reforma religiosa, era el año doce de su reinado (2.ª Crónicas 34:3-7; 2.ª Reyes 23:4-20). A la edad de veintiséis años o el año dieciocho de su reinado, el libro de la ley fue hallado en la tesorería del templo; el rey Josías lo leyó delante de todo el pueblo, e hizo que el mismo se comprometiera a servir a Dios (2.ª Crónicas 34:8-33; 2.ª Reyes 22:3-20, 23:1-20).

En 2.ª Crónicas 23:21-23 se nos dice que el rey Josías celebró ese gran avivamiento espiritual con una fiesta de la Pascua. En esta Pascua se sacrificaron unas treinta mil ovejas, corderos y cabritos, y tres mil bueyes. El escritor de 2.ª Crónicas declara: «Nunca fue celebrada una Pascua como ésta en Israel...»

En el último año del reinado prolongado de Josías éste se enfrentó al Faraón Necao. El rey Necao le había enviado un mensajero diciendo: «¿Qué tengo yo contigo, rey de Judá? Yo no vengo contra ti hoy, sino contra la casa que me hace guerra, y Dios me ha dicho que me apresure. Deja de oponerte a Dios, quien está conmigo, no sea que Él te destruya» (2.ª Crónicas 35:21).

Josías no hizo caso a esta amonestación divina, se disfrazó y vino hasta el campo Meguido. Allí fue herido de muerte y expiró en Jerusalén (2.ª Crónicas 35:22-27).

El pueblo tomó a su hijo, Joacaz, por rey, su reinado sólo duró tres meses, ya que el faraón Necao lo depuso, y en su lugar entronó a su hermano, Eliaquim (2.ª Reyes 36:1-4). Joacaz fue, entonces, llevado prisionero a Egipto. A su hermano, Eliaquim, el rey de Egipto le cambió su nombre por Joacim. La causa para la deposición de Joacaz, a quien Jeremías le llama Salum, fue que organizó un ejército para guerrear contra faraón Necao (Jeremías 22:11-12).

En el tercer año de su reinado, según Daniel, y cuarto según Jeremías, fue la primera invasión que hizo Nabucodonosor a Judá (2.ª Reyes 24:1). Por tres años Joacim se sometió a Nabucodonosor, pero ocho años después se rebeló, y en una segunda incursión, el rey de Babilonia lo llevó prisionero a su tierra (2.ª Crónicas 36:5-7).

A la deportación de Joacim, su hijo Joaquím, teniendo dieciocho años de edad (no ocho años, como lee 2.ª Crónicas 36:9), ejerció un reinado corto de tres meses y tres días, fue depuesto y llevado cautivo a Babilonia (2.ª Reyes 24:8-17). En esta segunda invasión de Nabucodonosor fueron llevados cautivos el rey Joaquín, su madre, sus mujeres, sus oficiales, los hombres de guerra, los artesanos y herreros (2.ª Reyes 24:15-16).

En las tres grandes deportaciones de Nabucodonosor este rey babilónico tomó de los utensilios y vasos sagrados del templo: (1) La primera deportación fue en el año tercero de Joacim o el año 606 a. C. (2) La segunda deportación fue en el año octavo de Joacim o en el año 597 a. C. (3) La tercera deportación tomó lugar bajo el reinado de Matanías (a quien el rey Nabucodonosor le llamó Sedequías) en el año 586 (2.ª Reyes 25:1-7). Fue en esta ocasión cuando el templo fue totalmente destruido y quemado, al igual que Jerusalén y los muros (2.ª Reyes 25:8-21).

Conviene añadir que el profeta Ezequiel fue llevado al exilio babilónico durante la segunda deportación, unos once años antes de que el templo fuera destruido. Es decir, que Jeremías fue contemporáneo de Daniel, estando en Jerusalén y Ezequiel también.

Notemos esta expresión «Y el Señor entregó en sus manos a Joacim, rey de Judá, y parte de los utensilios de la casa de Dios...» En diferentes pasajes bíblicos se deja ver que Nabucodonosor fue usado como instrumento de disciplina de parte de Dios para con su pueblo:

> *Por lo cual trajo contra ellos al rey de los caldeos, que mató a espada a sus jóvenes en la casa de su santuario sin perdonar joven ni doncella, anciano ni decrépito; todos los entregó en sus manos»* (2.ª Corintios 36:17).

> *«Te entregaré en mano de los que buscan tu vida, y mano de aquellos cuya vista temes; sí, en mano de Nabucodonosor, rey de Babilonia, y en mano de los caldeos»* (Jeremías 22:25).

> *«He aquí enviaré y tomaré a todas las tribus del Norte, dice Jehová, y a Nabucodonosor, rey de Babilonia, mi siervo, y los traeré contra esta tierra y contra sus moradores y contra todas estas naciones en derredor...»* (Jeremías 24:9).

> *«Toda esta tierra será puesta en ruinas y en espanto, y servirán estas naciones al rey de Babilonia setenta años»* (Jeremías 25:11).

La declaración «la casa de su dios» indica que Nabucodonosor atribuía sus victorias a su dios, Marduk o Bel. Babilonia era una ciudad altamente religiosa, habiendo los arqueólogos descubierto entre sus ruinas muchos objetos religiosos. Se estima que en esta ciudad había unos 53 templos y 180 altares dedicados a la diosa Istar (Luna).

La culturización de Daniel (versículos 3-7)

Verso 3: «Y dijo el rey a Aspenaz, jefe de sus eunucos, que trajese de los hijos de Israel, del linaje real de los príncipes.» Este versículo encierra un cumplimiento profético a las palabras del profeta Isaías al rey Ezequías:

> «He aquí vienen días en que todo lo que está en tu casa y todo lo que tus padres han atesorado hasta hoy será llevado a Babilonia, sin quedar nada, dijo Jehová. Y de tus hijos que saldrán de ti, que habrás engendrado, tomarán y serán eunucos en el palacio del rey de Babilonia» (2.ª Reyes 20:17-18).

> «De tus hijos que saldrán de ti y que habrás engendrado, tomarán y serán eunucos en el palacio del rey de Babilonia» (Isaías 39:7).

A la luz de estos pasajes proféticos podemos sugerir que Daniel y sus compañeros eran descendientes del rey Ezequías. Ellos pertenecían a la nobleza judía.

Versículo 4: «Muchachos en quienes no hubiese tacha alguna, de buen parecer, enseñados en toda sabiduría, sabios en ciencia y de buen entendimiento e idóneos para estar en el palacio del rey, y que se les enseñase las letras y la lengua de los caldeos.»

La palabra «muchachos» no debe sugerir que eran niños. Más bien señala que eran jóvenes. La edad de Daniel se puede calcular entre los diecinueve a los veinte años; lo mismo podemos decir de sus tres amigos. La apariencia física era un requisito, «de buen parecer». La capacidad intelectual era otro requisito, «enseñados en toda sabiduría». La capacidad para tomar decisiones se insinúa, «sabios en ciencia y de buen entendimiento».

A estos jóvenes se les sometería a un proceso de socialización, culturización o contextualización. Para este fin se le había preparado un «curriculum» académico que enfatizaba las áreas de cultura y lenguaje. Para Daniel y sus amigos, aprender un idioma que no era el propio demandaba bastante dedicación, determinación y estudio de su parte. El confrontar y conocer a otra cultura le provocaría choques con la suya propia, pero el preservar sus propios valores culturales era algo que demandaba serias decisiones.

Verso 5: «Y les señaló el rey ración para cada día, de la provisión de la comida del rey y del vino que él bebía y que los criase tres años, para que al fin de ellos se presentasen delante del rey.»

La dieta alimenticia para estos jóvenes era estipulada estrictamente por el rey Nabucodonosor. Ellos tendrían el mismo privilegio de comer el tipo de alimento que se servía al rey. Para Daniel y sus compañeros esto era otro choque cultural, el sujetarse a otro tipo de dieta diferente al suyo propio. El adiestramiento de estos jóvenes abarcaría un período de tres años.

Verso 6: «Entre éstos estaban Daniel, Ananías, Misael y Azarías, de los hijos de Judá.»

«Entre éstos» significa que había más jóvenes elegidos para este tipo de adiestramiento. Cada uno de los nombres de ellos reverencia a Dios. El significado de sus nombres varía ligeramente con las definiciones que ofrecen algunos autores, pero siempre señala la misma verdad:

Ananías: «don de Dios», «amado del Señor», «Yahveh ha mostrado su gracia».

Misael: «¿quién es como Dios?», «¿quién como Dios?», «¿quién es como Dios es?»

Azarías: «El Señor es mi ayudador», «Yahveh ha ayudado», «Jehová ha ayudado».

Daniel: «Dios es mi juez», «Dios ha juzgado», «juez para Dios».

Versículo 7: «A éstos, el jefe de los eunucos puso nombres: puso a Daniel, Belsasar; a Ananías, Sadrac; a Misael, Mesac y a Azarías, Abed-nego.»

La expresión «jefe de los eunucos» puede significar un alto oficial, como también puede referirse a un eunuco en el sentido literal de la palabra. Es decir, un hombre que era castrado para servir dentro del palacio del rey. Por ser jefe de los eunucos se da a entender que tendría eunucos bajo su dirección. De tomar esto en este sentido, entonces, Daniel y sus compañeros quizá fueron castrados para que sirvieran en el palacio del rey Nabucodonosor.[1]

La profecía, en Isaías 39:7, decía: «De tus hijos que saldrán de ti y que habrás engendrado tomarán y serán eunucos en el palacio del rey de Babilonia.» A la luz de esta profecía lo lógico sería creer en que los jóvenes hebreos fueron constituidos eunucos en la corte de Nabucodonosor.

En el cambio de nombres se trató de ultrajar a estos jóvenes judíos de su cultura y de su religión. No obstante, ellos se sobrepusieron a las luchas culturales y preservaron su etnicidad y religiosidad. El cambiar nombres a los cautivos, esclavos y funcionarios de los reyes, en la Antigüedad, era una práctica común.

En Egipto, el faraón le cambió el nombre a José por Zafnat-panea, que significaba «el que revela cosas secretas» (Génesis 41:45). A Ester se le dio este nombre en el exilio, que es de origen babilónico; puede que proceda del nombre «Ishtar», diosa babilónica. Puede que signifique también «estrella». El nombre hebreo de ella era Hadassa, que significa «nueva» (Ester 2:7).

En cada uno de los nuevos nombres que se les dio a los jóvenes hebreos se rinde homenaje a alguna deidad babilónica. Por el contrario, sus nombres hebreos sólo daban reconocimiento al Dios verdadero.

Belsasar, «el príncipe Bel», «quiera Bel proteger su vida», «Belit conserve al rey».

Sadrac, «iluminado por el dios sol», «mandato del dios Aku», «siervo de Sin».

Mesac, «¿quién es lo que Aku?», «¿quién es como Venus?»

Abed-nego, «un siervo de nego», «sievo de Nebo».

La resolución de Daniel (versículos 8-16).

> Versículo 8: «Y Daniel propuso en su corazón no contaminarse con la porción de la comida del rey ni con el vino que él bebía; pidió, por tanto, al jefe de los eunucos que no se le obligase a contaminarse.»

El jefe de los eunucos aquí mencionado es Aspenzaz, a quien ya se hizo referencia en el versículo 3. Daniel, en representación de sus compañeros, intercedió ante este alto oficial, apelando a sus convicciones religiosas, lo cual les prohibía según lo estipulado en la ley levítica comer ciertas clases de animales. Para el judío comer algún animal o dieta no prescrita por la ley era cometer el pecado de la contaminación. La palabra «propuso» significa «una resolución tomada a expensas de las consecuencias». Esta actitud de Daniel es un mensaje a la conciencia de muchos creyentes que prefieren amistarse con el mundo antes que tomar una actitud de fidelidad a Dios y a su reino. El verdadero creyente no puede comprometer su ética cristiana ante las posesiones, puestos y profesiones que este mundo le quiera ofrecer.

En Ester 4:13-14 leemos: «Entonces dijo Mardoqueo que respondiesen a Ester: No pienses que escaparás en la casa del rey más que cualquier otro judío. Porque si callas absolutamente en este tiempo, respiro y liberación vendrá de alguna otra parte para los judíos; mas tú y la casa de tu padre pereceréis. ¿Y quién sabe si para esta hora has llegado al reino?»

La reina Ester fue confrontada por Mardoqueo en relación a su etnicidad y valores religiosos. Ella, al igual que Daniel, tenía que tomar una firme resolución: Dios o el mundo; la fama o la vida como creyente; su cultura o la cultura extranjera. Ester no vendió su patria, no negó a su Dios, no cambió sus valores.

La razón por la cual Daniel desechó el vino ofrecido puede que se deba a que los mismos, muchas veces, eran ofrecidos a los dioses paganos. No rechazó el vino porque los judíos no bebieran vino, son muchos los pasajes bíblicos donde sse demuestra que el beber vino entre los judíos formaba parte de su costumbre.

> Versículos 9-10: *«Y puso Dios a Daniel en gracia y en buena voluntad con el jefe de los eunucos, y dijo el jefe de los eunucos a Daniel: Temo a mi Señor, el rey, que señaló vuestra comida y vuestra bebida, pues luego que Él vea vuestros rostros más pálidos que los de los muchachos que son semejantes a vosotros, condenaréis para con el rey mi cabeza.»*

El verdadero creyente no en la suerte, las coincidencias, sino en que la providencia es la que actúa y dispone que las cosas salgan como Dios desea. Dios hizo que Daniel «le cayera bien al jefe de los eunucos». Lo mismo se nos dice de José en Egipto:

> *«Así halló José gracia en sus ojos, y le servía, y él le hizo mayordomo de su casa y entregó en su poder todo lo que tenía»* (Génesis 39:4).
>
> *«No* necesitaba atender el jefe de la cárcel cosa alguna de las que estaban al cuidado de José, porque Jehová estaba con José, y lo que él hacía Jehová lo prosperaba» (Génesis 39:23).

Otra persona que Dios puso en gracia fue a Ester. Aunque el libro de Ester no menciona el nombre de Dios, en la selección de ella y su elevación al trono real, se descubre la mano invisible de Dios:

> «Y el rey amó a Ester más que a todas las otras mujeres, y halló ella gracia y benevolencia delante de él más que todas las demás vírgenes, y puso la corona real en su cabeza y la hizo reina en lugar de Vasti» (Ester 2:17).

El jefe de los eunucos, Aspenaz, aunque simpatizaba con Daniel y sus tres compañeros, no quería correr el riesgo de cambiarle la dieta alimenticia a éstos y que la salud de ellos fuera a perjudicarse. Como oficial él tenía un deber que cumplir, aunque como amigo hubiera deseado lo mejor para Daniel, Ananías, Misael y Azarías.

Elvis Carballosa, al particular, opina: «Debe notarse que Aspenaz no denegó la petición hecha por Daniel. Su argumento es más bien un acto de autoprotección. No era cuestión liviana desobedecer o alterar una orden dada por el rey.» [2]

Los versículos 11 al 16 nos presentan a los jóvenes hebreos sometidos a diez días de prueba alimenticia. Al ver Daniel que Aspenaz no cedía a su petición, no se rindió, sino que fue donde el otro oficial que Aspenaz había puesto para cuidado de ellos (verso 11). Le rogó que le permitiera comer «legumbres» y beber agua por diez días (verso 12). Al cabo de los diez días, si la salud de ellos o si su físico estaba demacrado, Melsar podía hacer con ellos como quisiera (verso 13).

Melsar accedió a la petición de ellos y los sometió al examen físico de diez días. El resultado fue fenomenal, el rostro de Daniel y de sus amigos lucía mejor que el de los otros muchachos sometidos a la dieta regular.

No sólo la apariencia física, estaban «más robustos» (verso 15). Los tres años de preparación, Daniel y sus compañeros estuvieron sujetos a esa dieta vegetariana (verso 16).

La bendición de Daniel (versículos 17-21)

Versículos 17: «*A estos cuatro muchachos Dios les dio conocimiento e inteligencia en todas las letras y ciencias, y Daniel tuvo entendimiento en toda visión y sueños.*»

A pesar de que ellos tuvieron que estudiar fuerte, memorizar mucha información, detrás de esta capacidad está la ayuda de Dios. Si nuestros jóvenes reconocieran que la inteligencia es un regalo de Dios la pondrían a su servicio. No sólo adquirieron conocimiento por el estudio y la disciplina, sino que Dios desarrolló en ellos una inteligencia natural. La manera de ellos razonar, pensar y reglexionar era extraordinaria. Eso es lo que hace Dios; toma a personas ordinarias y las convierte en personas extraordinarias. El conocimiento de estos jóvenes hebreos no fue únicamente religioso, lo fue también secular. Es imperativo que nuestra juventud se eduque, que aproveche al máximo las oportunidades educacionales que en esta «Babilonia» moderna se le está ofreciendo.

Versículo 18: «*Pasados, pues, los días al fin de los cuales había dicho el rey que los trajesen, el jefe de los eunucos los trajo delante de Nabucodonosor.*»

El jefe de los eunucos aquí mencionado debe ser Aspenaz. Era éste quien había recibido la gran responsabilidad de cuidar, educar y preparar a los jóvenes de los cuales el rey escogería los más brillantes. El examen final se lo daría el mismo Nabucodonosor.

Versículos 19-20: «*Y el rey habló con ellos, y no fueron hallados entre todos ellos otros como Daniel, Ananías, Misael y Azarías; así pues, estuvieron delante del rey. En todo asunto de sabiduría e inteligencia que el rey les consultó, los halló diez veces mejores que todos los magos y astrólogos que había en todo su reino.*»

En esta prueba final participaron muchos, pero sólo Daniel y sus compañeros judíos alcanzaron altas calificaciones. Es importante distinguir entre conocimiento e inteligencia. Un hombre puede tener mucho conocimiento y carecer de una buena inteligencia. Por el contrario, otro hombre puede tener mucha inteligencia y no haber alcanzado el conocimiento que se puede adquirir con una educación formal. Pero Daniel y sus amigos poseían ambas cosas. Lo maravilloso es que pudieron aun competir contra los «profesionales» de Babilonia.

Versículos 21: «*Y continuó Daniel hasta el año primero del rey Ciro.*»

Este versículo no quiere decir que Daniel vivió hasta el año primero del rey Ciro, sino que el profeta logró estar vivo ese año y ver el remanente regresar a Jerusalén al finalizar los setenta años de cautiverio en Babilonia. En Daniel 10:1 leemos: «En el año tercero de Ciro, rey de Persia, fue revelada palabra a Daniel, llamado Belsasar, y la palabra era verdadera...»

Notas bibliográficas

1. El escritor, Elvis L. Carballosa, sostiene esta postura, *Daniel y el Reino Mesiánico*, p. 41.
2. Ibid., p. 49.

2

El insomnio real y la revelación divina

Este capítulo 2 de Daniel se constituye en uno de los más importantes de la profecía bíblica. Para muchos comentaristas bíblicos es el «ABC» de la profecía. El escritor Arthur Petrie ha dicho del mismo: «Domine este capítulo y los capítulos subsiguientes serán fáciles de entender.»[1] Lo mostrado en este capítulo es tan sobresaliente que la alta crítica lo considera como escrito después de los eventos. Elvis L. Caballosa declara: «A través de este capítulo, Dios revela de manera maravillosa su plan para con los gentiles, su soberanía sobre los gobiernos mundiales y el establecimiento del reino mesiánico.»[2]

El tiempo del sueño (vesículo 1)

Versículo 1: «*En el segundo año del reinado de Nabucodonosor, tuvo Nabucodonosor sueños y se perturbó su espíritu y se le fue el sueño.*»

«En el segundo año del reinado de Nabucodonosor...» En el año 606 a. C., cuando Nabucodonosor invadió a Jerusalén y tomó cautivos a los jóvenes hebreos, él reinaba conjuntamente con su padre, Nabopolasar. Aunque en Daniel 1:1 se le llama «rey de Babilonia», lo cierto es que no tomó el trono babilónico, sino hasta un año después de la muerte de su padre. Por consiguiente, el segundo año de Nabucodonosor o los dos años que estaba reinando solo, sumados al año que reinó con su padre, nos llevaría al año 603 a. C., dándose tiempo a que se cumplieran los tres años prescritos por el rey para la preparación de los jóvenes hebreos.

«Tuvo Nabucodonosor sueños...» Claramente el texto indica que el rey había tenido más de un sueño. Por diferentes ocasiones el mismo sueño parecía repetirse. Es posible también que en la misma noche el sueño se repetía.

«Y se perturbó su espíritu...» De alguna manera este sueño repetido le había producido una inquietud mental y emocional. En *La Biblia al día* leemos:

> «... *Nabucodonosor tuvo varios sueños, y por causa de ellos llegó a estar tan preocupado que no podía dormir*».

«Y se le fue el sueño.» Si fueron varios sueños en noches diferentes, lo correcto sería afirmar que en la última noche que el sueño se desarrollaba en su subconsciente, tuvo un insomnio, se despertó, pero no podía recordar lo que había soñado.

En el libro de Ester leemos: «Aquella misma noche se le fue el sueño al rey...» (Ester 6:1). Los versículos subsiguientes demuestran que este insomnio fue el medio para que Asuero leyera la proeza de Mardoqueo. Sin lugar a dudas, Dios mismo le quitó el sueño para que se pusiera a leer. En el libro apócrifo de Ester se nos dice: «Pero el Señor hizo que aquella noche el rey no pudiera dormir...» (Ester 6:1).[3]

Nabucodonosor tuvo un insomnio y no recordaba su sueño, porque era Dios quien estaba preparando el escenario para su siervo Daniel. Muchos comentaristas afirman que el rey sí sabía el sueño, pero para estar seguro de la interpretación mintió al respecto.

El sueño olvidado (versículos 2-13).

Versículo 2: «*Hizo llamar el rey a magos, astrólogos, encantadores y caldeos para que le explicasen sus sueños. Vinieron, pues, y se presentaron delante del rey.*»

Los reyes paganos eran dados a tener en sus palacios hombres dedicados a la magia, el encantamiento, la adivinación y a la interpretación de sueños y augurios. La palabra «magos» se refiere a sabios que practicaban las ciencias ocultas. Por «astrólogos» se indica específicamente aquellos que predecían la suerte, destino y carácter de los hombres basados en su signo zodiacal o en la posición de los astros:

«*Te has fatigado en tus muchos consejos. Comparezcan ahora y de defiendan los contempladores de los cielos, los que observan las estrellas, los que cuentan los meses, para pronosticar lo que vendrá sobre ti*» (Isaías 47:13).

Los «encantadores» eran los exorcistas que pretendían echar fuera espíritus malignos, apelando a los espíritus demoniacos para sus actividades. También reclamaban poseer la capacidad para comunicarse con el mundo del más allá.

Los «caldeos», en su sentido étnico, se refiere a la nación de Babilonia. Por otra parte, aquí es citada en

35

un sentido religioso, denotando una clase particular de hombres sabios, doctos en la filosofía y conocedores de las leyes físicas y naturales de sus días. Daniel y sus compañeros pertenecieron a esta clase de «caldeos».

Los versículos 4 al 13 presentan al rey Nabucodonosor demandando de parte de los sabios de su palacio la revelación del sueño y su interpretación: «Decidme, pues, el sueño y su interpretación» (verso 6). Los sabios rogaron al rey, «por segunda vez», que les dijera el sueño (verso 7).

Notemos estas expresiones: «... mi espíritu se ha turbado por saber el sueño» (verso 3). «... el asunto se me ha ido» (verso 8). «Decidme, pues, el sueño, para que yo sepa que me podéis dar su interpretación» (verso 9). La seriedad del rey se hace evidente en estas declaraciones. Necesitaba saber qué fue lo que soñó.

Si no se le daba la revelación y la interpretación del sueño había una sentencia de muerte: «... seréis hechos pedazos, y vuestras casas serán convertidas en muladares» (verso 5). Nabucodonosor era un monarca fuerte de genio. No lo pensaba dos veces para aplicar el castigo que deseaba cuando las cosas no salían a su manera.[4]

Si se le daba la revelación del sueño y su interpretación había una recompensa: «Y si me mostrareis el sueño y su interpretación recibiréis de mí dones y favores y gran honra...» (verso 6). Los «dones y favores» señalan cosas materiales. La «gran honra» indicaba el recibir puestos de prominencia dentro del gobierno babilónico. Antiguamente los puestos eran hereditarios; un padre que había sido un alto funcionario bajo un monarca podía transferir su puesto a algún miembro consanguíneo de la familia.

Ante la negativa de los caldeos, los principales sabios, el rey Nabucodonosor, «con ira y con gran enojo» firmó un edicto de muerte para los sabios de Babilonia (versos 10 al 13).

En el momento fueron puestos bajo arresto imperial. Nos dice la Biblia: «y buscaron a Daniel y a sus compañeros para matarlos» (verso 13). Esto indica que ellos pertenecían a los caldeos. Pero no estaban presentes cuando el rey llamó a los mismos a su palacio.

El sueño revelado (versículos 14-35)

Los versículos 14 al 17 presentan a Daniel enterándose del decreto de muerte establecido por el rey. Arioc, el capitán de la guardia real, recibió instrucciones de apresar al resto de los sabios, incluyendo a Daniel y a sus compañeros judíos. Él le hizo saber a Daniel los pormenores y la razón del edicto real y su apresuramiento.

Versículo 16: «*Y Daniel entró y pidió al rey que le diese tiempo, y que él mostraría la interpretación al rey.*»

Lo que hizo Daniel fue un verdadero acto de fe; va delante del rey se compromete a decirle que él le ha de decir el sueño y su interpretación. Pero le pide una prórroga de tiempo.

Versículos 17018: «*Luego se fue Daniel a su casa e hizo saber lo que había a Ananías, Misael y Azarías, sus compañeros, para que pidiesen misericordias del Dios del cielo sobre este misterio, a fin de que Daniel y sus compañeros no pereciesen con los otros sabios de Babilonia.*»

Dios había bendecido a Daniel de tal manera que ya poseía una casa de su propiedad y compartía vivienda con sus amigos de exilio. Después de haberse comprometido con el rey, ahora va donde sus amigos para informarles todo lo sucedido.

Ese «misterio» sólo podía ser revelado a través de la oración. Allí, en su casa, Daniel y sus compañeros, celebran un culto de oración. En su oración ruegan a Dios por misericordias y protección para sus vidas. El éxito de todo ministro, de toda congregación y de toda organización conciliar depende del lugar que la oración ocupe. Un predicador que ora es medio sermón ya predicado. Cuando se ora Dios revela al pueblo lo que éste no puede ver con ojos carnales, pero sí con los espejuelos de la oración. Daniel y sus compañeros oraron, porque reconocían su dependencia en Dios.

Versículo 19: «*Entonces el secreto fue revelado a Daniel en visión de noche, por lo cual bendijo Daniel al Dios del cielo.*»

El texto no nos dice que Daniel recibió esta visión durmiendo. Lo más natural sería creer que el profeta, de noche, clamaba a Dios cuando su oración fue interrumpida por esta visión. Dios le mostró a Daniel, despierto, lo que había soñado Nabucodonosor.

Versículos 20-23: «*... Sea bendito el nombre de Dios de siglos en siglos, porque suyos son el poder y la sabiduría. Él muda los tiempos y las edades; quita reyes; da la sabiduría a los sabios y la ciencia a los entendidos. Él revela lo profundo y lo escondido; conoce lo que está en tinieblas y con él mora la luz. A ti, oh, Dios de mis padres, te doy gracias y te alabo, porque me has revelado lo que te pedimos, pues nos has dado a conocer el asunto del rey*».

Estos versículos pueden considerarse como un salmo de alabanza y de acción de gracias compuesto por el mismo Daniel. El profeta reconoce a Dios como: providencial, soberano, dador de sabiduría y entendimiento, revelador y conocedor de todas las cosas.

Aunque Daniel dice: «me has revelado», no pasa por alto el añadir «lo que te pedimos». No tomó toda la gloria para sí, reconoció que a Dios le tenía que estar agradecido, pero también a sus amigos que le ayudaron a orar. En esta campaña de oración no lo dejaron solo.

Sin pérdida de tiempo Daniel va a visitar a Arioc, y le pide que lo lleve delante del rey (verso 24). El profeta cumplió con el protocolo establecido. No pasó por alto la cadena de mando.

Versículo 25: «*Entonces Arioc llevó prontamente a Daniel ante el rey y le dijo así: He hallado un varón de los deportados de Judá, el cual dará al rey la interpretación.*»

Arioc se olvidó que fue el mismo rey que puso a Daniel bajo fianza. Pero como capitán de la guardia real, él quería un «pedacito de pastel». Por lo tanto dice: «He hallado...»

En los versículos 26 al 30 le deja ver al rey que su sueño nadie se lo podía revelar, menos aún interpretar. Era un misterio al cual no podían llegar los sabios, astrólogos, magos o adivinos. Pero a él, «un Dios en los cielos», se lo había revelado (verso 28). La expresión «un Dios en los cielos» y «Dios del cielo» (verso 18) es homónima. Se refiere a Dios como el verdadero Dios que está por encima de los cielos y es Dios sobre cualquier otro dios. Es notable señalar que la expresión «Dios del cielo» aparece registrada en el libro de Daniel, Esdrás y Nehemías (Daniel 2:19, 44; Esdras 1:2,

6:10, 7:12, 21; Nehemías 1:5, 2:24). Tres libros escritos en el exilio. En el Nuevo Testamento sólo el Apocalipsis regista esta expresión, otro libro que surge en un contexto de exilio.

Versículo 29: «*Estando tú, oh, rey, en tu cama, te vinieron pensamientos por saber lo que había de ser en lo por venir, y el que revela los misterios te mostró lo que ha de ser.*»

Nabucodonosor, a la muerte de su padre, había escalado el pináculo de la gloria y la fama. El hecho de haber conquistado a sus enemigos en tan corto tiempo preocupaba a Nabudonosor; él quería saber lo que el futuro le deparaba aún. Estando su mente puesta en el futuro y en lo por venir, Dios se le reveló al rey.

Versículo 30: «*Y a mí me ha sido revelado este misterio, no porque en mí haya más sabiduría que en todos los vivientes, sino para que se de a conocer al rey la interpretación y para que entiendas los pensamientos de tu corazón.*»

Daniel no ostenta ninguna grandeza para él. Es humilde, reconociendo que no es un genio intelectual. Él bien sabía sus limitaciones, entendiendo que lo que a él se había revelado era por procedencia divina y no por el estudio o la investigación humana.

Versículos 31-35: «*Tú, oh, rey, veías, y he aquí una gran imagen. Esta imagen, que era muy grande, y cuya gloria era muy sublime, estaba en pie delante de ti, y su aspecto era terrible. La cabeza de esta imagen era de oro fino; su pecho y sus brazos de plata, su vientre y sus muslos de bronce, sus piernas de hierro, sus pies, en parte de hierro y en parte de barro cocido. Estabas mirando hasta que una piedra fue cortada, no con mano, e hirió a la imagen en sus pies de hierro y de barro cocido y los desmenuzó... Mas la piedra que hirió a la imagen fue hecha un gran monte que llenó toda la tierra.»*

Esto nada más era suficiente para convencer a Nabucodonosor de la veracidad del profeta Daniel. Un joven de quizá veintidós años o veintitrés le recuerda al rey el tan olvidado sueño. La atención del rey no se podía despegar de Daniel, lo miraba y lo escuchaba con atención. Si le había dicho lo que soñó sin equivocación también le daría la interpretación correcta.

En el sueño, el rey vio una imagen o estatua de un tamaño colosal puesta de pie; la misma infundía temor a cualquiera que le veía. Tenía una composición metálica, con la excepción de los pies , que eran una aleación de barro cocido y de hierro. El valor de los metales era de mayor a menor, o sea, desde el oro fino al hierro. El brillo de los metales también iba siendo inferior, el oro brillando más, la plata menos, el bronce menos todavía y el hierro sin ningún brillo. La dureza de los metales, por el contrario, iba aumentando; oro, plata, bronce, hierro.

También Daniel le recordó que los pies de la estatua no tenían fuerza o dureza. Estaban mezclados de dos elementos que no se asocian, barro cocido y hierro. Lo más débil de la estatua era los pies. El profeta también le señala al rey que en el sueño él vio una piedra que nadie había cortado, que hirió a la imagen en su parte más frágil, los pies. Luego, esa piedra se convirtió en un gran monte.

El sueño interpretado (versículo 36-45)

Versículos 37-38: *«Tú, oh, rey, eres Rey de reyes, porque el Dios del cielo te ha dado reino, poder, fuerza y majestad... tú eres aquella cabeza de oro.»*

El oro fue el metal más preciado en el Imperio babilónico. A Babilonia se le ha llamado la ciudad de oro. En Isaías 14:4 leemos sobre Babilonia: «Pronunciarás este proverbio contra el rey de Babilonia y dirás: ¡Cómo paró el opresor, cómo acabó la ciudad codiciosa de oro!»

El escritor Henry H. Halley describe el amor que Babilonia tenía por el oro con estas palabras: «El gran templo de Marduk (Bel)... Contenía una imagen de oro de Bel y una mesa de oro que juntas pesaban no menos de 23.000 kilos. En lo alto había imágenes de oro de Bel e Istar, dos leones de oro, una mesa de oro de 12 metros de largo por 4.50 metros de ancho, y una figura humana de oro de 5.40 metros de altura.» [5]

El oro representa a la luz de la interpretación daniélica «reino, poder, fuerza y majestad». El profeta le dice al rey: «Tú eres aquella cabeza de oro.» Con Nabucodonosor comenzó una sucesión de imperios denominados «los tiempos de los gentiles» (Lucas 21:24). La cabeza de oro representa un período histórico que cubre desde los años 606 a. C. hasta el año 539 a. C., cuando murió el último monarca de este imperio, llamado Belsasar, nieto del rey Nabucodonosor.

El reinado de Nabucodonosor abarcó unos cuarenta y tres años (605-562 a. C.). A su muerte le sucedió su hijo, Evil-Merodac (562-560 a. C.), éste reinó sólo dos años, siendo brutalmente asesinado por su cuñado, el cual le siguió en sucesión. Neriglisar, cuñado de Evil-Merodac, reinó sólo cuatro años (559-556 a. C.). A éste le siguió su hijo Laboro-Archod, que reinó sólo nueve meses (556 a. C.). Nabodido, esposo de una de las hijas de Nabucodonosor, subió al poder en el año 555 a. C., teniendo a su hijo Belsasar como ayudante gubernamental. Esa cabeza de oro prevaleció unos sesenta y siete años.

Versículo 39: «*Y después de ti se levantará otro reino inferior al tuyo, y luego un tercer reino de bronce, el cual dominará sobre toda la tierra.*»

En este versículo se nos presentan los dos reinos que seguirían en sucesión a Babilonia. En el capítulo 8 de Daniel se da una descripción más clara de estos imperios. Por el mismo capítulo 5 de Daniel sabemos que el otro reino que siguió a Babilonia fue Media y Persia. La historia corrobora que el Imperio de Grecia, o comúnmente llamado greco-romano, le siguió a Media y a Persia.

La plata era un metal apropiado para simbolizar a los medos-persas. Este metal fue el favorito para la fabricación y acuñamiento de las monedas en este imperio, que eran de plata. Por la historia sabemos que este imperio fue «inferior» al de Babilonia en política, riquezas y poder.

El pecho y los brazos de plata representaban históricamente el período que abarcaría este imperio, a saber, desde el año 539 a. C. hasta el año 331 a. C. El brazo izquierdo puede representar a Media y el brazo derecho a Persia. Dicho de otra manera, a Darío, rey de Media, y a Ciros, su sobrino, los cuales hicieron una coalición para derrotar a los babilónicos. El acontecimiento más grande para los judíos bajo el imperio medo-persa fue la restauración de Jerusalén bajo el decreto de Ciro, el persa, en el año 536 a. C.

El tercer reino que Daniel escribe es el de bronce; dice del mismo: «el cual dominará sobre toda la tierra».

43

El bronce fue el metal favorito entre los griegos para fabricar escudos y corazas. A los soldados griegos se les apodaba como «los hombres de bronce».

El nombre Javán, en hebreo, se refiere a Grecia (Génesis 10:4). El profeta Ezequiel hace mención del bronce de Grecia:

> «*Javán, Tubal y Mesec comerciaban también contigo; con hombres y con utensilios de bronce comerciaban en tus ferias*» (Ezequiel 27:13).

Los medos-persas se enfrentaron en tres grandes batallas contra los griegos, lo cual demostró la superioridad de estos últimos sobre los primeros.

1. Las batallas de Gránico en el año 334 a. C.
2. La batalla de Isos en el año 333 a. C.
3. La batalla de Arbela en el año 331 a. C.

El vientre y los muslos de bronce cubren un período de tiempo que comienza en el año 331 a. C. y se extiende hasta el año 168 a. C. Notemos que la cabeza de oro, siendo lo más pequeño del cuerpo de la imagen, abarcó unos sesenta y siete años de dominio; el pecho y los brazos de plata, de más tamaño que la cabeza, cubrieron doscientos ocho años de historia y dominio; el vientre y los muslos de bronce, de más longitud que el pecho y los brazos de plata, cubren un período de dominio de ciento sesenta y tres años.

Versículo 40: «*Y el cuarto reino será fuerte como hierro, y como el hierro desmenuza y rompe todas las cosas, desmenuzará y quebrantará todo.*»

Este cuarto imperio no es identificado en el libro de Daniel, pero la historia revela que fue Roma. El Imperio romano se hizo notorio por el uso y manufactura que le daban al hierro. Con razón, algunos escritores antiguos le llamaban a este imperio «la maquinaria de hierro».

Cuando Daniel escribió, Roma no era aún un imperio, menos una república, pero de su insignificancia histórica, política y militar evolucionaría hasta llegar a convertirse en un poderoso imperio sobre la faz de la tierra. Las piernas de hierro cubrirían un período que comenzó en el año 168 a. c. hasta el año 476 d. C. Las piernas de hierro, señalándose esa porción que comienza más arriba de las rodillas y se extiende hasta los tobillos, presentan la mayor longitud de la imagen, es decir, seiscientos cuarenta y cuatro años.

Las piernas forman dos unidades separadas. Por el contrario, la cabeza de oro era una unidad; el pecho y los brazos de plata eran otra unidad; el vientre y los muslos de bronce formaban la tercera unidad del torso. Las piernas fuera del cuerpo se constituyen en una división. Históricamente esto representa la separación política, religiosa y geográfica que experimentó el Imperio romano en el siglo IV a. C. con el Oriente y el Occidente, el mahometanismo y el catolicismo griego y romano.

Versículos 41-43: «*Y lo que viste de los pies y los dedos, en parte de barro cocido de alfarero y en parte de hierro, será un reino dividido, mas habrá en él algo de la fuerza del hierro, así como viste hierro mezclado con barro cocido. Y por ser los dedos de los pies en parte de hierro y en parte de barro cocido, el reino será en parte fuerte y en parte frágil. Así como viste el hierro mezclado con barro, se mezclarán por medio de alianzas humanas, pero no se unirán el uno con el otro, como el hierro no se mezcla con el barro.*»

45

El pasaje nos señala que los pies y los dedos con esa aleación de barro cocido con hierro, que por naturaleza no se pueden mezclar, representa un reino dividido, lo cual quizá puede representar su política y su religión. En este imperio habría la fuerza del hierro y la fragilidad del barro. No estoy de acuerdo con algunos comentaristas que ven en el hierro comunismo y en el barro democracia o imperialismo y democracia. Hablando del Imperio romano, Elvis L. Carballosa dice lo siguiente: «El Imperio romano era fuerte (como el hierro) por su ejército, sus leyes y su organización política. Pero por otra parte, era débil (como el barro) por la diversidad étnica de sus súbditos y, por encima de todo, a causa de sus conceptos morales.» [6]

Los pies que forman parte de las piernas representan la decadencia final del Imperio romano, el cual, aunque fue fuerte en su política, su inmoralidad, lo llevó a su destrucción. El pecado debilitó a Roma, su inmoralidad la derrotó.

A través de toda la historia contemporánea muchos líderes han tratado de que el «hierro» con el «barro cocido» se mezcle, pero todos han fallado. Carlomagno, el fundador del «santo Imperio romano», que de santo no tenía nada, lo trató, pero fracasó. Carlos V y luego Luis XIV lo intentaron, pero nada lograron. El pequeño gigante, Napoleón Bonaparte, en el año 1799, se apoderó de Francia y puso como su meta ser el líder de un nuevo Imperio romano, pero en Waterloo fue derrotado por las tropas de Blucher, cuando su aliado, Wellington, contribuyó a su propia derrota. El Kaiser Guillermo de Alemania creía poder dominar al mundo con algo así como un Imperio romano; tampoco realizó sus sueños.

Otro que se propuso dominar al mundo con el «tercer reich» fue Adolfo Hitler. En una ocasión dijo: «Pero lo estoy diciendo una vez más; que las cosas no pueden

46

seguir este camino. Yo tengo una misión histórica, y esta misión la cumpliré, porque la providencia me ha destinado a hacerlo. Quien no es conmigo será aplastado.»[7]

Los diez dedos de la estatua, con su fuerza y debilidad, representan a diez naciones del fin que se unirán. En los días de esa confederación de naciones el Dios del cielo establecerá su gobierno sobre la tierra, no sin antes poner fin a esa fase final del Imperio romano, la cual será derrotada con la venida en gloria del bendito hijo de Dios, Jesucristo. La cabeza de esa confederación de naciones lo será el anticristo escatológico.

Versículos 44-45: *«Y en los días de estos reyes el Dios del cielo levantará un reino que no será jamás destruido, ni será el reino dejado a otro pueblo; desmenuzará y consumirá a todos estos reinos, pero él permanecerá para siempre, de la manera que viste que del monte fue cortada una piedra, no con mano, la cual desmenuzó el hierro, el bronce, el barro, la plata y el oro. El gran Dios ha mostrado al rey lo que ha de acontecer en lo por venir, y el sueño es verdadero y fiel su interpretación.»*

Claramente se indica que en los días de los diez reyes Dios establecerá su reino eterno. Ese reino se ilustra por medio de la piedra cortada del monte, no por medios humanos, sino por la intervención de Dios. Notemos que Daniel ahora clasifica los metales del más fuerte al menos resistente (hierro, bronce, plata y oro).

La piedra golpea la estatua en los pies, no en la cabeza, el pecho y los brazos, el vientre y los muslos o en las piernas. Es decir, que el momento para la piedra darle a la estatua en los pies será en la segunda venida de Cristo. Esa piedra cortada «no con mano» no simboliza al cristiano con su avance evangelizador. Por el contexto escritural sabemos que se refiere únicamente al Señor Jesucristo (Génesis 49:24; Isaías 28:16; Mateo 21:42-44; Hechos 4:10-12; 1.ª Pedro 2:4-8).

Este reino de Cristo será fuerte, «no será jamás destruido»; permanente, «ni será el reino dejado a otro pueblo»; superior, «desmenuzará y consumirá a todos estos reinos»; eterno, «pero él permanecerá para siempre».

Recordemos que la piedra no hiere a la estatua en el nacimiento de Cristo, tampoco en el día de Pentecostés, tampoco en el Edicto de Constantino, menos en la reforma protestante; la piedra hiere en los días finales del gentilismo. Esos días comenzarán a desarrollarse después del rapto de la Iglesia.

El efecto de la interpretación (versículos 46-49)

Versículo 46: «*Entonces el rey Nabucodonosor se postró sobre su rostro y se humilló ante Daniel y mandó que le ofreciesen presentes e incienso.*»

La postración del rey no es en actitud de adoración, sino de reverencia al Dios de Daniel. Dudamos que Daniel hubiera aceptado alguna pleitesía personal. Los presentes era una manera del rey de mostrar su agradecimiento. El incienso, en los días antiguos, era una fragancia muy cotizada y costosa. Sólo los ricos y pudientes podían darse el lujo de tener incienso para su uso personal.

Versículos 47: «*El rey habló a Daniel y dijo: Ciertamente el Dios vuestro es Dios de dioses y Señor de los reyes, y el que revela los misterios, pues pudiste revelar este misterio.*»

La escritora Sunshine L. Ball ve en este versículo una alusión a la doctrina de la trinidad: «El rey conoce al Dios de Daniel de tres maneras (versículo 37); como Padre (Dios de los dioses), Hijo (Señor de los señores) y Espíritu Santo (Revelador de secretos).» [8]

No comparto seriamente la opinión de la escritora Ball, ya que la exégesis del texto no revela nada sobre esta importante doctrina. Lo cierto es que Nabucodonosor reconoce a Dios por encima y superior de los dioses babilónicos; lo considera mayor a cualquier rey terrenal, incluyéndose él mismo, y admite que Dios tiene la capacidad de revelar misterios difíciles para el hombre. Además, le da el crédito a Daniel por haber sido el instrumento que su Dios empleó, «pues pudistes revelar este misterio».

Versículo 48: «*Entonces el rey engrandeció a Daniel y le dio muchos honores y grandes dones y le hizo gobernador de toda la provincia de Babilonia y jefe supremo de todos los sabios de Babilonia.*»

Daniel fue recompensado de una manera muy especial. Dios usó las circunstancias para prosperar a su siervo. El profeta recibió riquezas, «muchos honores y grandes dones». En añadidura se le dio poder, «y le hizo gobernador... y jefe supremo de todos los sabios de Babilonia». Política y religiosamente Daniel fue elevado en dos nuevas funciones.

Versículo 49: «*Y Daniel solicitó del rey y obtuvo que pusiera sobre los negocios de la providencia de Babilonia a Sadrac, Mesac y Abed-nego, y Daniel estaba en la corte del rey.*»

Usó su promoción para ayudar a sus amigos. Daniel sabía que estos tres jóvenes lo respaldaron en oración cuando más él lo necesitaba. En la cúspide del éxito no olvida los que todavía están atrás. Si Dios lo bendijo, él sería bendición para otros. Quiera Dios que muchos cristianos fuéramos como Daniel, que estemos dispuestos a ayudar a otros a subir. Daniel, ahora, en su nueva capacidad administrativa, podía tener libre acceso al rey y participar de las reuniones importantes que se convocaban en su palacio.

Notas bibliográficas

1.   Arthur Petrie, *The Message of Daniel*, p. 20.

2.   Elvis L. Carballosa, *Daniel y el Reino Mesiánico*, pp. 57- 58.

3.   Versión Popular Dios habla hoy, p. 47 de los libros deuterocanónicos.

4.   2.ª Crónicas 36:17.

5.   Henry H. Halley, *Compendio manual de la Biblia*, p. 300.

6.   Carballosa, *Ob. cit.*, p. 80.

7.   Gene Smith, *The Horn of the moon*, p. 90.

8.   Sunshine L. Ball, *Daniel y el Apocalipsis*, p. 13.

3

La fe frente a un imperio

El libro de Daniel persigue la finalidad de mostrar la fidelidad como creyentes frente a una religión pagana. En tres capítulos la fidelidad del creyente se pone de manifiesto (Daniel 1, 3 y 6). En cada una de estas ocasiones se revela una actitud no conformista, una decisión de no comprometer los valores religiosos y una determinación a decir «no» al mundo.

El tiempo de lo narrado en este capítulo 3 puede haber sido en el año 18 del reinado de Nabucodonosor (Jeremías 32:1, 52:29). Ese mismo año el rey Nabucodonosor tomó cautivo a Sedequías e incendió a Jerusalén y destruyó el templo judío. Esto corresponde al año 586 a. C. Para Nabucodonosor fue un año de gran victoria.

«Se supone que la historia aquí relatada no ocurrió sino hasta el final», dice Adam Clarke, «o cerca del final del reinado de Nabucodonosor. Pues fue después de su locura, como vemos en 4:33-36, y ésta se produjo casi al final de su reinado».[1]

La prueba (versículos 1-7)

Versículo 1: «*El rey Nabucodonosor hizo una estatua de oro cuya altura era de sesenta codos, y*

51

su anchura de seis codos; la levantó en el campo de Dura, en la provincia de Babilonia.»

Muchos comentaristas están de acuerdo que el orgullo por las conquistas y las victorias elevó en Nabucodonosor un espíritu de orgullo. Esto se evidencia en la construcción e inauguración de esta colosal estatua.

La altura de la estatua se ha prestado a muchas discrepancias. Según muchos, su longitud abarca la medida contando la estatua y su pedestal. Para otros la medida dada se refiere únicamente a la estatua. «La imagen de oro era de 60 codos de altura y 6 de ancho. Tendría, pues, entre 28 y 34 metros de altura, dependiendo de lo largo del codo que se haya usado, que podría haber sido desde 45 hasta 56 centímetros de largo. Así pues, la estatua sería como del tamaño de un edificio de diez pisos, y tal vez más alta si estuviera sobre un pedestal.» [2]

Otro escritor ha opinado: «Las proporciones de esta estructura muestran que tenía la forma de un hombre de 90 o 110 pies de alto por 9 o 11 pies de ancho, de acuerdo a como tomemos el cúbico de 18 o de 22 pulgadas.» [3]

Algunas versiones de la Biblia explican esa medida de codos como sigue: «... tenía treinta metros de alto por tres de ancho...» (Dios habla hoy). «... noventa pies de alto y nueve pies de ancho...» (nueva versión internacional).

El colosal tamaño de esta estatua erigida por Nabucodonosor, hoy día, no nos es ninguna sopresa después de haber visto la estatua de la Libertad, que mide 151 pies de alto, pesa 225 toneladas y tiene un ancho de 12 pies en diámetro. La cabeza nada más mide 10 pies de ancha y cada ojo da la medida de 2 pies y medio. El pedestal donde está puesta mide 142 pies.

En cuanto a la fisonomía de la estatua no sabemos

si era la del dios Marduk (Bel), la del padre de Nabu-codonosor, llamado Nabopolasar, o la del rey mismo. El material del cual estaba cubierto la estatua era de oro, metal preciado en el Imperio caldeo. Lo más lógico era que la estatua tenía un enchape de oro, y como la estatua de la Libertad era hueca (aunque esta última tiene unas escalinatas que llevan hasta su antorcha o corona).

La misma fue levantada «en el campo de Dura, en la provincia de Babilonia». Esto es otra evidencia de la autenticidad del libro. Daniel, como escritor, puede brindar cierta información geográfica que para los lectores inmediatos era de vital importancia. «Oppert, que excavó en las ruinas de Babilonia en 1854, encontró en un lugar llamado Duair el pedestal de una estatua colosal, que posiblemente haya sido resto de la gran imagen de oro de Nabucodonosor.» [4]

En los versículos 2 y 3 se menciona una lista de ocho funcionarios u oficios gubernamentales en el gobierno de Nabucodonosor. Muchos de estos títulos son de origen persa. Lo que usan como argumento los críticos para ubicar al libro de Daniel en una fecha más tardía. Lo más razonable sería pensar que Daniel escribió y compiló su libro en la época persa. A eso se debe que al referirse a esos puestos le atribuya títulos persas.

Versículo 2: «... *para que viniese a la dedicación de la estatua que el rey Nabucodonosor había levantado*».

Ese sería un día grande en todo el Imperio babilónico. Los trabajos y negocios se habían suspendido para festejar tan importante ocasión. Esa estatua representaría la unificación religiosa en todo su imperio.

«El intento de este gran rey de Babilonia de uni-
ficar las religiones de su imperio por medio de la
deificación de sí mismo será repetido por la bestia,
el último gobernante del dominio mundial de los
gentiles» (Apocalipsis 13:11-15).[5]

Versículos 3-5: «... y estaban en pie delante de
la estatua que había levantado el rey Nabucodonosor. Y el pregonero anunciaba en alta voz: Mándase
a vosotros, oh, pueblos, naciones y lenguas, que
al oír el son de la bocina, de la flauta, del tambo-
ril, del arpa, del salterio, de la zampoña y de todo
instrumento de música os postréis y adoréis la estatua de oro que el rey Nabucodonosor ha levantado».

La adoración a esta estatua era una orden imperial
que se había proclamado. La ceremonia de dedicación
sería precedida por un preludio de instrumentalización musical; luego del acto dedicatorio habría un momento de pagana reverencia y adoración.

La música, en la religión babilónica, parece ocupar
un lugar de importancia para promover el espíritu religioso. La música contribuye siempre a crear la at-
mósfera necesaria para la adoración. Tristemente, en
nuestros días, la música, en vez de incitar a la adoración y contemplación divina, mueve simplemente las
emociones. Los himnos han sido sustituidos por can-
ciones, y los coros han dominado en los cultos cristianos.

En la lista de estos instrumentos musicales hay tres
que son nombrados en griego: el arpa *(gaythros)*, el salterio *(pesanterin)* y la zampoña *(sumponyah)*. Los críticos ven en esto otro ataque al libro de Daniel. Pero no
es de extrañar que ya la música y cultura griegas estu-
vieran ejerciendo sus influencias en la música babilónica.

54

Versículos 6-7: «*Y cualquiera que no se postre y adore, inmediatamente será echado dentro de un horno de fuego ardiendo... todos los pueblos, naciones y lenguas se postraron y adoraron la estatua de oro que el rey Nabucodonosor había levantado.*»

Entre los babilónicos se aplicaba la pena capital de descuartizar a los condenados a muerte (Daniel 2:5) y de asarlos en hornos (Jeremías 29:22). Los persas empleaban el método de echarlos en fosos de leones (Daniel 6:7) y de ahorcar (Ester 5:14, 7:10). En diferentes lugares del Imperio babilónico había esta clase de hornos para asar seres humanos. Es irónico que Hitler, en su odio hacia los judíos, hiciera construir hornos de cremación para hacer cenizas a sus enemigos después de envenenarlos o exterminarlos a balazos o por la falta de nutrición.

De parte del pueblo, de los muchos allí presentes, parece que no hubo ninguna clase de resistencia. Si otros lo hacían, ¿por qué no ellos?, se decían algunos. Preferían la vida a la resistencia pacífica. Negarse a este tipo de adoración era violar la ley promulgada.

La acusación (versículos 8-12)

Los versículos 8 al 12 demuestran que hubieron quienes no estaban dispuestos a obedecer esta ley, aunque les costara el trabajo, el reconocimiento o su propia vida. Estos no-conformistas, disidentes, violadores, demostradores pacifistas, fueron Ananías, Misael y Azarías. Si siendo jóvenes, de unos 19 a 20 años, no sucumbieron moralmente ni religiosamente ante un imperio pagano, ahora, que estaban cerca de los cuarenta años de edad, tampoco dejarían que su fe se la derrotara el imperio más poderoso de aquel entonces, Babilonia, y a su rey caprichoso, Nabucodonosor.

Versículo 8: «*Por esto en aquel tiempo algunos varones caldeos vinieron y acusaron maliciosamente a los judíos.*»

Estos varones caldeos vigilaban de cerca a Ananías, Misael y Azarías. La razón principal de ellos era que les tenían envidia. Daniel había sido la pala para que Nabucodonosor pusiera a estos jóvenes, dieciséis años atrás, a cargo de la administración en Babilonia (Daniel 2:49, 3:12). Estos extranjeros habían escalado un puesto que, a opinión de los caldeos, les correspondía a ellos por su ciudadanía babilónica.

Versículo 12: «*Hay unos varones judíos, los cuales pusiste sobre los negocios de la provincia de Babilonia: Sadrac, Mesac y Abed-nego; estos varones, oh, rey, no te han respetado, no adoran tus dioses ni adoran la estatua de oro que has levantado.*»

Les hacen una triple acusación a los varones judíos: (1) «No te han respetado.» (2) «No adoran tus dioses.» (3) «Ni adoran la estatua de oro que has levantado.»

La expresión «no te han respetado» se explica en la Biblia de Jerusalén: «que no te hacen caso». Esta acusación pretende señalarle al rey que estos judíos, voluntaria y maliciosamente, han decidido desafiar su autoridad públicamente.

La segunda acusación, «no adoran tus dioses», significa literalmente: «a tus dioses no dan culto» (versión moderna). Estos varones nunca se identificaron con el politeísmo babilónico. Sólo reconocían un templo, el de Jerusalén. Sólo servían a un Dios, a Jehová el Dios de Israel. En esto los caldeos parece que le decían al rey: «Estos judíos son ateos, no creen en los dioses que nosotros creemos.» Se les acusaba de ser no religiosos.

La tercera acusación, «ni adoran la estatua que has levantado», «ellos no sólo se han rebelado contra ti, contra tu religión», es lo que querían decir los caldeos, «sino que ven sin importancia tu propósito al levantar esa estatua que tanto te ha costado».

La firmeza (versículos 13-18)

El rey Nabucodonosor se llenó de ira y de enojo y mandó que que arrestaran a los varones judíos (verso 13). Esta orden se cumplió sin demora, «al instante fueron traidos», leemos en el verso 13. Cuando están delante del rey él les hace una pregunta: «¿Es verdad, Sadrac, Mesac y Abed-nego, que vosotros no honráis a mi dios ni adoráis la estatua de oro que he levantado?» (verso 14).

Notemos algunas cosas en esta pregunta. Primero, el rey se dirige a ellos con mucha confianza; «¿es verdad, Sadrac, Mesac y Abed-nego...?» La versión moderna explica: «¿Fue de propósito...?» El rey esperaba de ellos que admitieran que fue un error de su parte. El rey no les hace mención de la primera acusación, «no te han respetado». Él conocía la sinceridad de estos varones judíos, y bien sabía que el respeto de ellos hacia él no podía ser la causa para castigarlos.

Segundo, el rey menciona «¿no honráis a mi dios?» Es como si se diera a entender que la estatua tenía la imagen del dios de Nabucodonosor. El rey consideraba que todas sus victorias se las debía a su dios. Por tal razón, él, al igual que sus súbditos, tenía que estar agradecido de Bel o Marduk.

Tercero, el rey desea una confesión de los mismos de labios de los varones judíos. En otra situación él se hubiera conformado con la información recibida, pero en este caso eran tres hombres claves, en su reino, los acusados.

En el verso 15 vemos al rey dándole una segunda oportunidad de retractarse. La música se volvería a tocar, aunque la ceremonia ya se había realizado, para ellos se repetiría. El rey, sin rodeos, les dice: «Porque si no la adoraréis, en la misma hora seréis echados en medio de un horno de fuego ardiendo, ¿y qué dios será aquel que os libre de mis manos?»

Es por primera vez en toda la Biblia que se utiliza una división del tiempo, «la misma hora». La cual no significa aquí un tiempo preciso de sesenta minutos, sino «sin demora», «rápidamente», «en el momento».

El rey trata de amedrentarlos al mencionarles «un horno de fuego ardiendo». Si su consejo no los movía a cambiar de opinión, el castigo quizá los haría reflexionar de otra manera.

Al decirle Nabucodonosor «¿y qué dios será aquel que os libre de mis manos?», les quiere señalar la debilidad del Dios de ellos, ya que Marduk le había entregado, según lo creía el rey, los utensilios sagrados del templo judío. Y el Dios de los judíos no tenía ahora templo para ser adorado.

Versículos 16-18: *«... No es necesario que te respondamos sobre este asunto. He aquí nuestro Dios, a quien servimos, puede librarnos del horno de fuego ardiendo, y de tu mano, oh, rey, nos librará. Y si no, sepas, oh, rey, que no serviremos a tus dioses ni tampoco adoraremos la estatua que has levantado».*

La declaración «no es necesario que te respondamos sobre este asunto» se lee en la Biblia de Jerusalén:

No necesitamos darte una respuesta sobre este particular. La Biblia viviente parafrasea así: «No nos preocupa lo que nos puede pasar.» «Nuestros Dios, a quien servimos, puede librarnos del horno de fuego ardiendo», declaran los varones. La versión moderna explica: «He aquí que existe nuestro Dios, a quien nosotros servimos.» En esta expresión ellos declaran su fe en el Dios verdadero. Saben que existe, que es real y que tiene el poder para salvar y cuidar a los que le pertenecen.

«Y de tu mano, oh, rey, nos librará.» El Dios de Ananías, Misael y Azarías, es más poderoso que el rey Nabucodonosor. Si el rey, con esta estatua, lo que buscaba era su deificación, ellos le afirman que hay un Dios verdadero que controla y rige sobre los destinos humanos.

«Y si no, sepas, oh, rey, que no serviremos a tus dioses, ni tampoco adoraremos la estatua que has levantado.» Ellos expresan la fe de mártires. Saben que Dios los puede librar, pero también puede ser su voluntad que mediante la muerte testifiquen ellos de su poder soberano. En palabras de Cristo debemos aprender a decir: «Hágase tu voluntad, como en el cielo, así también en la tierra» (Mateo 6:10).

La preservación (versículos 19-25)

Versículo 19: «*Entonces Nabucodonosor se llenó de ira y se demudó el aspecto de su rostro contra Sadrac, Mesac y Abed-nego, y ordenó que el horno se calentase siete veces más de lo acostumbrado.*»

La ira en Nabucodonosor se reflejaba en su rostro; las cejas fruncidas, los ojos rojos por el coraje, la piel de la cara estaba tensa. En su propia cara ellos lo habían insultado y retado. Para expresar su agitación interna mandó que el horno lo calentaran a una capacidad siete veces por encima de lo normal. El combustible empleado sería siete veces más que el que se acostumbraba.

Versículo 20: «*Y mandó a hombres muy vigorosos, que tenía en su ejército, que atasen a Sadrac, Mesac y Abed-nego para echarlos en el horno de fuego ardiendo.*

En monumentos babilónicos se han encontrado inscripciones de hombres de gran tamaño y musculosos, cuyo trabajo era estar delante del rey y ejecutar las órdenes de éste. Estos «hombres vigorosos» eran soldados activos del ejército babilónico. El texto parece sugerir que ellos ataron a las víctimas con sus propios atuendos (verso 21).

Versículo 21: «*Entonces estos varones fueron atados con sus mantos, sus calzas, sus turbantes y sus vestidos, y fueron echados dentro del horno de fuego ardiendo.*»

Evidentemente, las vestiduras que usaban estos varones judíos demostraban sus altos cargos. La vestimenta de ellos constaba de cuatro piezas: (1) El manto; se distinguía del usado por los judíos, era una pieza mayormente para cubrir la parte superior del cuerpo. (2) Las calzas; eran una especie de pantalones anchos que cubrían la parte posterior. (3) Los turbantes; eran una túnica enrollada a la cabeza. Se le conoce como el gorro persa. (4) Los vestidos; eran una pieza que se ponían sobre el manto y las calzas.

En el verso 22 leemos que era tanto el calor y el humo que había en el horno, que los propios verdugos

60

probaron su medicina. El fuego alcanzó a estos «hombres vigorosos» y les puso fin a sus vidas. Esto evidencia la seriedad del castigo y la grandeza del milagro divino. Según el verso 23 se vuelve a enfatizar que ellos, los varones judíos, «cayeron atados dentro del horno de fuero ardiendo».

Versículos 24-25: *«Entonces el rey Nabucodonosor se espantó y se levantó apresuradamente y dijo a los de su consejo: ¿No echaron a tres varones atados dentro del fuego? Ellos respondieron al rey: Es verdad, oh, rey. Y él dijo: He aquí yo veo cuatro varones sueltos que se pasean en medio del fuego sin sufrir ningún daño, y el aspecto del cuarto es semejante a hijo de los dioses.»*

De cualquier manera que sumara Nabucodonosor la suma siempre le daba cuatro y no tres, como él suponía que tenía que ser. En vez de ser a Ananías, Misael y Azarías, achicharrados por el fuego, totalmente carbonizados, los ve paseándose a sus anchas dentro del fuego. El fuego de aquel horno calentado siete veces más de lo acostumbrado, que mató a los verdugos, no tiene ningún poder sobre los siervos de Dios.

Aquí se estaba cumpliendo Isaías 43:2: «Cuando pases por las aguas, yo estaré contigo, y si por los ríos, no te anegarán. Cuando pases por el fuego, no te quemarás, ni la llama arderá en ti.»

En el libro a los hebreos se nos declara que algunos, por fe, «apagaron fuegos impetuosos» (Hebreos 11:34). ¿Tendrá este pasaje alguna alusión a la preservación de los varones judíos en el horno de fuego?

Dios le permite a Nabucodonosor tener una visión de la deidad. En el horno ve que ese cuarto personaje manifiesta cierta naturaleza divina. Él lo describe como «hijo de los dioses». Es de esperarse que un reino pagano se expresara de esa manera. Muchos comentaristas consideran a este cuarto personaje como una teofanía, refiriéndose al Señor Jesucristo en su preencarnación.

Otros comentaristas se conforman con identificarlo con un ángel protector.[6] A la luz del verso 28 llegan a esta conclusión: «envió a su ángel y libró a sus siervos».

La liberación (versículos 26-28)

Versículo 26: «*Entonces Nabucodonosor se acercó a la puerta del horno de fuego ardiendo y dijo: Sadrac, Mesac y Abed-nego, siervos del Dios Altísimo, salid y venid. Entonces Sadrac, Mesac y Abed-nego salieron de en medio del fuego.*»

El impacto ante lo visto fue tal que inmediatamente el rey se acerca al horno de fuego, manteniendo una distancia prudente, y desde allí manda salir a estos varones, que por fe vencieron la arrogancia de un imperio y el orgullo de su monarca. La expresión «salid y venid» es la conmutación de la sentencia que en ellos no se pudo cumplir. Entraron acusados de un crimen político y religioso; salen como héroes.

Versículo 27: «*Y se juntaron los satrapas, los gobernadores, los capitanes y los consejeros del rey para mirar a estos varones, cómo el fuego no había tenido poder alguno sobre sus cuerpos, ni aun el cabello de sus cabezas se había quemado; sus ropas estaban intactas y ni siquiera olor de fuego tenían.*»

Ante tan prodigiosa liberación la oficialidad o consejo del rey los somete a un examen de observación.

En sus cuerpos no había la más leve quemadura, ni uno solo de los pelos en la cabeza se les había quemado, las ropas Dios las puso a prueba de fuego, el olor no se les impregnó sobre la piel o cabello. La razón por la cual se le dio antelación al cabello en sus cabezas se podría deber a que con los turbantes que tenían sobre éstos ellos fueron atados.

> Versículo 28: *«Entonces Nabucodonosor dijo: Bendito sea el Dios de ellos, de Sadrac, Mesac y Abed-nego, que envió su ángel y libró a sus siervos que confiaron en él y que no cumplieron el edicto del rey y entregaron sus cuerpos antes que servir y adorar a otro dios que su Dios.»*

Ya en el capítulo 2 habíamos encontrado a Nabucodonosr reconociendo al Dios de los judíos. Su reconocimiento no iba más allá de un asentimiento intelectual. Lo reconocía, pero no lo aceptaba como su Dios. Lo que hacía era darle un lugar más al Dios de los varones judíos en la larga lista de los dioses babilónicos. Dios no busca en el hombre que lo reconozca, sino que le sirva.

La proclamación (versículo 29)

> Versículo 29: *«Por lo tanto, decreto que todo pueblo, nación o lengua que dijera blasfemia contra el Dios de Sadrac, Mesac y Abed-nego, sea descuartizado y su casa convertida en muladar, por cuanto no hay dios que pueda librar como éste.»*

Este decreto o proclama perseguía la finalidad de legalizar la religión judía entre este pueblo étnico. Blasfemar contra el dios de los judíos era negar que éste tuviera algún poder o que pudiera estar a la altura de otros dioses. Cualquier acusación que se hiciera contra el Dios que libró a Ananías, Misael y Azarías, conllevaría a una pena de muerte, «sea descuartizado». Esto se hacía cortando a la víctima por la mitad o desprendiéndole de todos sus miembros hasta que sucumbía a la muerte. La «casa convertida en muladar» se refiere a la acción de destruir la vivienda, dejándola en escombros solamente. A veces es una referencia al castigo que se daba a la familia del ofensor.

La restauración (versículo 30)

Versículo 30: «*Entonces el rey engrandeció a Sadrac, Mesac y Abedp-nego en la provincia de Babilonia.*»

Así como habían sido degradados, destituidos y todos los derechos se les habían anulado, ahora, el rey los restituye a su antigua función de administradores en todo su imperio. La palabra «engrandeció» puede significar que recibieron más de lo que tenían antes.

Aplicación profética

Aunque este capítulo tres de Daniel no es profético en su contenido, encierra aplicaciones proféticas en el mensaje que comunica. La historia que aquí se narra es típica del tiempo final.

1. Una adoración compulsiva. El adorar la estatua erigida por Nabucodonosor no era una decisión personal, era un acto compulsorio, movido por la intimidación y fomentado por el castigo impuesto. El anticristo de los días finales, del cual Nabucodonosor es

un tipo, tendrá una imagen para que sea idolatrada, y mandará que se le adore compulsivamente (2.ª Tesalonicenses 2:3-4; Apocalipsis 13:11-12, 14:9, 20:4).

2. Una abominación desoladora. En el original griego del Nuevo Testamento se emplea unas seis veces la palabra «bdelugma», se traduce «abominación» (Mateo 24:15; Marcos 13:14; Lucas 16:15; Apocalipsis 21:27) y «abominaciones» (Apocalipsis 17:4-5). Tanto Mateo como Marcos la usan como referencia a «la abominación desoladora de que habló el profeta Daniel». El diccionario da la siguiente definición a la palabra «bdelugma»: «algo detestable, abominación, objeto de sacrilegio que causa la profanación de un lugar santo». En un sentido más claro, abominación puede significar «imagen o estatua» que se pone en el lugar de Dios. La estatua de oro era una abominación, así como lo será la imagen del anticristo.

3. Una relación numérica. La estatua de oro medía 60 codos de alta por 6 codos de ancha. La suma de ambos números es 66, teniendo un 6 menos que el escatológico número de la bestia o anticristo (Apocalipsis 13:17). El gigante Goliat, el de Gat, medía de alto 6 codos (1.ª Samuel 17:4). El hombre fue creado y formado el día 6 (Génesis 1:26-31). El número 6 es número de hombre, representa la imperfección, lo que está incompleto y la rebeldía del ser humano.

4. Un remanente fiel. Los varones judíos fueron el remanente que prefirió el martirio a sucumbir en el pecado de la apostasía y la idolatría. En los días del anticristo habrá un remanente que preferirá la muerte, pero no adorará su estatua (Apocalipsis 13:15, 20:4).

Notas bibliográficas

1. Adam Clarke, *Comentario de la Santa Biblia* II, p. 322.
2. J. A. Stahr, *Daniel*, p. 15.
3. W. C. Stevens, *Tha Book of Daniel*, p. 36.
4. Henry H. Halley, *Compendio manual de la Biblia*, p. 307.
5. *Biblia anotada de Scofield, comentario a Daniel 3:1*
6. Biblia de Jerusalén, *comentario a Daniel 3:25.*

4

El orgullo que se transformó en locura

Es bastante difícil determinar cuándo lo narrado en este capítulo tomó lugar. En la versión de los LXX se hace alusión al año dieciocho del reinado de Nabucodonosor. Ése fue el año cuando el rey caldeo sitió a Jerusalén bajo el reinado de Sedequías (Jeremías 32:1-5). Durante ese tiempo tomó cautivas «a ochocientas treinta y dos personas» (Jeremías 52:29). A su regreso a Babilonia levantó la estatua de oro (Daniel 3); los ocho años de la vida de Nabucodonosor que cubre este capítulo 4 nos llevarían al año 578 a. C. En el año 562 Nabucodonosor murió. Después de su locura reinó unos dieciséis años más.

En la cronología bíblica se hace mención de algunos de los años del reinado de Nabucodonosor:

> *«Palabra que vino a Jeremías acerca de todo el pueblo de Judá en el cuarto año de Joacim, hijo de Josías, rey de Judá, el cual era el "año primero de Nabucodonosor", rey de Babilonia»* (Jeremías 25:1).

«En "el segundo año del reinado de Nabucodonosor", tuvo Nabucodonosor sueños y se perturbó su espíritu y se le fue el sueño» (Daniel 2:1).

«Éste es el pueblo que Nabucodonosor llevó cautivo: En "el año séptimo", a tres mil veintitrés hombres de Judá» (Jeremías 52:28).

«Palabra de Jehová que vino a Jeremías el año décimo de Sedequías, rey de Judá, que fue "el año decimoctavo de Nabucodonosor"» (Jeremías 32:1).

«En el mes quinto, a los siete días del mes, siendo "el año diecinueve de Nabucodonosor", rey de Babilonia, vino a Jerusalén Nabuzaradán, capitán de la guardia, siervo del rey de Babilonia» (2.ª Reyes 25:8).

«"El año veintitrés de Nabucodonosor", Nabuzaradán, capitán de la guardia, llevó cautivas a setecientas cuarenta y cinco personas de los hombres de Judá; todas las personas, en total, fueron cuatro mil seiscientas» (Jeremías 52:30).

Jeremías tomó un cuidado esmerado en preservar algunos de los nombres de los hombres claves de Nabucodonosor. A saber: Nabuzaradán, Nabusazbán el Rabsaris, Nergal-sarezer el Rabmag (Jeremías 39:13); Samgar-nebo, Sarsequim el Rabsaris (Jeremías 39:3).

La proclamación (versículos 1-3)

Versículos 1-3: *«Nabucodonosor rey a todos los pueblos, naciones y lenguas que moran en toda la tierra. Paz os sea multiplicada. Conviene que yo declare las señales y milagros que el Dios Altísimo ha hecho conmigo. ¡Cuán grandes son sus señales y cuán potentes sus maravillas! Su reino, reino sempiterno, y su señorío de generación en generación.»*

Al particular opina Adam Clarke: «Éste es un decreto regular y uno de los más antiguos que se conocen; indudablemente, fue copiado de los documentos de estado de Babilonia. Daniel lo ha preservado en su idioma original.» [1]

El escritor Urias Smith opina: «La gente propende, generalmente, a contar lo que Dios ha hecho para ella en lo que se refiere a beneficios y bendiciones. Debiéramos estar igualmente dispuestos a contar lo que Dios ha hecho para humillarnos y castigarnos.» [2]

En esta proclamación Nabucodonosor desea hacer pública la experiencia religiosa que tuvo con el Dios de los judíos. Lo que él narra lo considera en su juicio divino «señales», y en su restauración divina «milagros». Comparando su propio reino con el de Dios él tiene que admitir que el de éste es «sempiterno», jamás tendrá fin. Dios le había mostrado a este monarca que Él podía ponerle fin a su reinado cuando quisiera.

La expresión «su señorío» se explica en otras versiones «su poder» (nueva Biblia española), «su imperio» (Biblia de Jerusalén). Nabucodonosor reconoce que hay uno más poderoso que él, el Dios Altísimo.

La introducción (versículos 4-9).

Versículo 4: *«Yo, Nabucodonosor, estaba tranquilo en mi casa y floreciente en mi palacio.»*

Éste era un tiempo de inactividad militar. El rey se encontraba sin preocupaciones a nivel nacional e internacional. En sus incursiones militares ya había sometido a naciones como Judea, Egipto, Siria y Fenicia. Ahora podía decir que estaba «satisfecho» (Biblia de Jerusalén).

Versículo 5: «*Vi un sueño que me espantó y, tendido en la cama, las imaginaciones y visiones de mi cabeza me turbaron.*»

Éste es el segundo sueño que Dios le da al monarca. Ya con anterioridad había tratado con él por medio del sueño de la estatua (Daniel 2). Además, es la tercera vez que Dios se le revela al monarca (Daniel 2:47, 3:28-29, 4:2-3, 37).

Entre este sueño del capítulo 4 y el del capítulo 2 hay una notable analogía: (1) Los sabios de la corte de Nabucodonosor no podían dar la interpretación (Daniel 2:10, 27, cf. 4:7). (2) Dios le reveló el significado a Daniel (Daniel 2:19, 28, 30, cf. 4:18). (3) Ambos sueños causaron un estado de ansiedad en el rey (Daniel 2:3 cf. 4:5).

Es interesante notar el contraste entre el sueño del capítulo 2 y el de este capítulo 4: El primer sueño el monarca lo olvidó, pero este segundo sueño lo recuerda (Daniel 2:1, 6 cf. 4:10-17).

en los versículos 6 al 9 de Nabucodonosor menciona la incapacidad de los «magos, astrólogos, caldeos y adivinos» al no poder dar la interpretación del sueño. A la misma vez realza la capacidad de Daniel para conocer misterios y dar interpretaciones.

Notemos esta expresión: «Belsasar, jefe de los magos» (verso 9). La palabra «mago», en los días de Daniel, tenía la connotación de «sabio». En Daniel 2:48 leemos que Daniel fue hecho «jefe supremo de todos los sabios de Babilonia».

La narración (versículos 10-18)

El rey describe su sueño como sigue: Lo ve en medio de la tierra (verso 10); su altura era grande (verso 10); veía que crecía y se hacía fuerte (verso 11); era de hermoso follaje (verso 12); su fruto era abundante dando alimento suficiente (verso 12); daba sombra a los animales (verso 12); en él las aves tenían nidos (verso 12); fue tumbado por orden de un ángel (verso 14); el tronco no fue arrancado, sino atado con hierro y bronce y se mojaba con el rocío (verso 15).

Versículos 16: «*Su corazón de hombre sea cambiado y le sea dado corazón de bestia y pasen sobre él siete tiempos.*»

Aquí se presenta una sentencia. Ese árbol con corazón de hombre actuaría, pensaría, razonaría y se creería ser un animal. En ese estado, con el corazón cambiado de hombre a bestia, permanecería «siete tiempos». Esta última expresión es explicada en la nueva Biblia española «siete años». La versión Dios habla hoy explica ese versículo 16: «Que su mente se trastorne y se vuelva como la de un animal, y que ese mal le dure siete años.»

Versículo 17: «*La sentencia es por decreto de los vigilantes y por dicho de los santos de la resolución, para que conozcan los vivientes que el Altísimo gobierna el reino de los hombres y que a quien Él quiere lo da y constituye sobre él al más bajo de los hombres.*»

En el versículo 13 se usó la declaración «un vigilante y santo descendía del cielo». Aquí se separa «los vigilantes» de «los santos». En la primera referencia se está hablando de un ángel al cual se denomina «vigilante y santo». En el versículo 17 «los vigilantes» y «los santos» son dos maneras diferentes de describir a los ángeles.

Tanto el «decreto» como «la resolución» no se originan en los ángeles, sino que ellos son los que transmiten «la sentencia» que viene de Dios. Dios, como soberano absoluto, permite a los monarcas o dirigentes nacionales ejercer su gobierno, y eleva al poder a cualquiera que Él desee sin tomar en cuenta su procedencia social.[3]

> Versículo 18: «*Yo, el rey Nabucodonosor, he visto este sueño. Tú, pues, Belsasar, dirás la interpretación de él, porque todos los sabios de mi reino no han podido mostrarme su interpretación, más tú puedes, porque mora en ti el espíritu de los dioses santos.*»

Es muy interesante leer este pasaje en otras versiones de la Biblia: «Éste es el sueño que he visto yo, el rey Nabucodonosor; tú, Belsasar, explícame su sentido, pues ningún sabio ha sido capaz de hacerlo, mientras que tú posees espíritu profético» (nueva Biblia española). «Éste es el sueño que yo, el rey Nabucodonosor, tuve. Ahora, Belsasar, dime su significado, pues ninguno de los sabios de mi reino lo ha entendido, pero tú podrás interpretarlo, porque en ti está el espíritu del Dios santo.»

La expresión «dioses santos» no debe ser cambiada por el «Dios santo». No olvidemos que Nabucodonosor empleaba el lenguaje religioso, al cual estaba acostumbrado.

Es significativo el énfasis y la confianza que el rey expresa a Daniel: «dirás la interpretación... más tú puedes». La experiencia que con su primer sueño había tenido con el profeta cuando no sólo le reveló lo que él había olvidado dándole también la interpretación, hace que Nabucodonosor crea firmemente en la

72

capacidad divina que descansa sobre este hombre de unos cuarenta años de edad.

La interpretación (versículos 19-26)

Versículo 19: «*Entonces Daniel, cuyo nombre era Belsasar, quedó atónito casi una hora, y sus pensamientos lo turbaban. El rey habló y dijo: Belsasar, no te turben ni el sueño ni su interpretación. Belsasar respondió y dijo: Señor mío, el sueño sea para tus enemigos y su interpretación para los que mal te quieren.*»

La expresión «casi una hora» no significaba la medida regular de tiempo. Sobre esto hagamos una comparación con algunas versiones bíblicas: «por un rato» (nueva Biblia española); «quedó un instante» (Biblia de Jerusalén); «se quedó un momento pensativo» (Dios habla hoy).

Daniel se quedó sin palabras ante el relato que escuchó del rey. Los versículos 16 y 17 ya le habían dado a Daniel la clave para revelar ese misterio. Ante la mudez momentánea del profeta, el rey lo estimula a dar su interpretación, fuera cual fuera. Daniel hubiera deseado que ese sueño hubiera sido para los enemigos del rey y todos aquellos que se le oponían. Esto nos enseña el aprecio que el profeta sentía hacia su superior. No estaba de acuerdo con su paganismo, con el cautiverio al cual había sometido a su pueblo judío, pero le estimaba como persona y dirigente político. Ojalá que muchos de nosotros fuéramos como Daniel, que, aunque no estemos de acuerdo siempre con otras personas, podamos valorizar sus cualidades y habilidades.

Daniel le presenta la interpretación al rey en dos partes: primero, le repite la narración que describía al árbol en todo su esplendor (versos 20-21 cf. 4:10-12); segundo, vuelve a recordarle el ángel el árbol cortado, la atadura de hierro y bronce, la exposición al rocío, y menciona los siete tiempos. Acto seguido a cada narración le dio la interpretación (versículos 22 y versículos 24 al 26).

> Versículo 22: «*Tú mismo eres, oh, rey, que creciste y te hiciste fuerte, pues creció tu grandeza y ha llegado hasta el cielo y tu dominio hasta los confines de la tierra.*»

En Daniel 2:38 el profeta le había dicho a Nabucodonosor: «Tú eres aquella cabeza de oro.» Ahora, diecisiete años después, le dice: «Tú mismo eres, oh, rey.» Era tanto la cabeza de oro como el árbol grande y frondoso. Ese árbol representaba toda la grandeza militar, política, económica y administrativa del monarca babilónico. El «dominio hasta los confines de la tierra» no se debe entender en un sentido universal, sino que se refiere a las naciones que Nabucodonosor había sometido y a los territorios que anexó a su imperio.

> Versículos 24-26: «*... Que te echarán de entre los hombres y con las bestias del campo será tu morada y con hierba del campo te apacentarán, como a los bueyes, y con el rocío del cielo serás bañado; y siete tiempos pasarán sobre ti hasta que conozcas que el Altísimo tiene dominio en el reino de los hombres y que lo da a quien Él quiere. Y en cuanto a la orden de dejar en la tierra la cepa de las raíces del mismo árbol, significa que tu reino te quedará firme luego que reconozcas que el cielo gobierna.*»

El árbol cortado, atado con hierro y bronce, expuesto al rocío del cielo durante siete tiempos y con un corazón de bestia, representaba la destitución que el rey experimentaría siete años a causa de una enfermedad psicológica.

La cepa o tronco en la tierra indicaba que aunque incapacitado el rey para reinar, su imperio pasaría a las manos de otro, tan pronto él sanara de su locura volvería a reinar.

El propósito de esta demencia que lo tendría ausente del reino siete años era una lección divina para que reconociera el reino del Altísimo sobre el de los reyes terrenales. Era la mano de Dios que castigaría a Nabucodonosor por su orgullo, pecados, iniquidades y explotación de su gobierno hacia el prójimo.

A la atadura de hierro y bronce (versículos 15, 23) no se le necesita dar un significado particular. Simplemente se usan como figura para señalar la atadura mental y emocional del rey durante el juicio divino. Durante esos siete años, aunque él quisiera volver a ser lo que era, no podría. El árbol, con la atadura, no podía volver a crecer.

En cuanto a esta enfermedad de la cual padeció Nabucodonosor se le ha dado diferentes nombres: zoantropia, licantropia y boantropia. En todos los casos se refiere a un estado demente, donde el paciente actúa como si fuera un animal o una ave.

Según el historiador Beroso, del siglo III, al finalizar Nabucodonosor sus 43 años de reinado, fue atacado por una enfermedad. La importancia que el referido autor da a la enfermedad parece aludir a algo unusual.

En una de las inscripciones arqueológicas descubiertas por Sir Henry Rawlinson se lee la siguiente traducción, que parece asociarse con la enfermedad del gran rey caldeo: «Durante cuatro años la residencia de mi reino no deleitó mi corazón. En ninguna de mis posesiones eregí por mi poder ningún edificio importante. No levantaré edificios en Babilonia para mí mismo ni para el honor de mi nombre. En la adoración de Merodac, mi dios, no canté sus alabanzas ni dispuse sacrificios para sus altares ni limpié los canales.»[4]

Durante el tiempo de la insanidad de Nabucodonosor, su hijo, Evil Merodac, asumió la regencia del imperio. Daniel, Ananías, Misael y Azarías cumplieron con sus deberes, al igual que los funcionarios principales del monarca. En eso se cumplía la declaración «tu reino quedará firme». La nueva Biblia española explica «volverás a reinar». En la Biblia de Jerusalén se lee «tu reino se te conservará».

El consejo (versículo 27)

Versículo 27: «*Por tanto, oh, rey, acepta mi consejo: tus pecados redime con justicia y tus iniquidades, haciendo misericordias para con los oprimidos, pues tal vez será eso una prolongación de tu tranquilidad.*»

Explicando el verbo «redime», que en la Biblia de Jerusalén se explica «rompe», leemos el siguiente comentario: «El verbo que traducimos por "romper" ha dado un substantivo arameo que significa "salvación, redención"; podría traducirse "redime tus pecados".»[5]

Éste es un llamamiento directo pronunciado por Daniel a un pagano y pecador como Nabucodonosor. Lo único que podía impedir el juicio de Dios era el arrepentimiento. Urias Smith dice: «Los castigos con que se le amenazaba eran condicionales.»[6]

En lo dicho por Daniel está demostrado el plan de la salvación en forma concisa. Los pecados del hombre sólo pueden ser redimidos mediante la justicia de

Dios. La demostración de la redención para con el prójimo se testifica haciendo misericordias.

El cumplimiento (versículos 28-30)

Versículo 28: «*Todo esto vino a Nabucodonosor.*»

Considero éste el versículo más corto del libro de Daniel. En siete palabras se nos dice que a pesar de la oportunidad conferida a Nabucodonosor, el juicio se cumplió en su vida. Daniel, en su compilación del testimonio del rey, se adelanta para presentarle el fin a los lectores.

Versículos 29-30: «*Al cabo de doce meses, paseando en el palacio real de Babilonia, habló el rey y dijo: No es ésta la gran Babilonia que yo edifiqué para casa real con la fuerza de mi poder y para gloria de mi majestad.*»

Doce meses después de la interpretación dada por Daniel el rey se estaba paseando en su palacio. No se acordaba ya de lo dicho por el profeta. Quizá llegó a pensar que el juicio de Dios se había retractado. El esplendor y decoro de su ciudad le hacía sentirse orgulloso.

Sobre la belleza y arquitectura de la ciudad de Babilonia podemos leer estos comentarios: «Son ahora bien conocidos los esplendores de la Babilonia de Nabucodonosor» (Daniel 4:30). Los alemanes desenterraron, entre 1899 y 1914, las ruinas de grandes edificios cuyos detalles están especificados en inscripciones dejadas por el propio rey. La Puerta de Istar conducía a una serie de fortificaciones separadas por una doble muralla de gran solidez, decorada con ladrillos esmaltados con motivos de dragones taurinos. La calle de las grandes procesiones arrancaba de esta puerta. Uno de los edificios más notables era el zigurato o torre del templo, que se elevaba a una gran altura. En las cercanías se hallaba el templo de Marduc. Los famosos jardines colgantes estaban ubicados en terrazas y constituían una de las siete maravillas del mundo.»[7]

«Historiadores antiguos decían que sus muros eran de casi 100 kilómetros de largo, 25 por cada costado; 90 metros de altura y 24 de espesor, hechos de ladrillo de $30 \times 30 \times 10$ centímetros; por dentro del muro un espacio abierto de 400 metros de ancho rodeaba la ciudad por todos lados; por fuera defendían los muros anchos y hondos fosos (canales) llenos de agua; había en los muros 250 torres y salas de guardia; 100 puertas de bronce. El Eúfrates dividía la ciudad en dos partes casi iguales. Ambas riberas estaban defendidas por muros en toda su extensión, y había 25 puertas para conectar las calles con los barcos de paso, más un puente sobre bases de piedra, 1 kilómetro de largo, 9 metros de ancho y con puentes levadizos que se quitaban de noche, y un túnel debajo del río de 4.50 metros de ancho por 3.60 de altura.»[8]

Notemos de qué manera se revela el orgullo y arrogancia del monarca: «la gran Babilonia que yo edifiqué... la fuerza de mi poder... mi majestad». El ego dominaba sus palabras. Él se consideraba el centro de todo el progreso babilónico. Lo que él resaltaba en su persona era la autoglorificación.[9]

Versículos 31-33: «*Aún estaba la palabra en boca del rey cuando vino una voz del cielo: A ti se te dice, rey Nabucodonosor: El reino ha sido quitado de ti, y de entre los hombres te arrojarán, y con las bestias del campo será tu habitación, y como a*

78

los bueyes te apacentarán, y siete tiempos pasarán sobre ti hasta que reconozcas que el Altísimo tiene el dominio en el reino de los hombres y lo da a quien Él quiere. En la misma hora se cumplió la palabra sobre Nabucodonosor y fue echado de entre los hombres, y comía hierba como los bueyes, y su cuerpo se mojaba con el rocío del cielo, hasta que su pelo creció como plumas de águila y sus uñas como las de las aves.»

Dios le había dado una prórroga de un año a Nabucodonosor. El año terminó, pero él seguía indiferente. A su vocabulario arrogante Dios le contestó dándole un resumen al sueño que tuvo y recordándole por tercera vez «siete tiempos pasarán sobre ti» (versículos 16, 23 y 32).

«En la misma hora se cumplió la palabra sobre Nabucodonosor.» La paciencia divina había llegado a su final. La providencia de Dios intervendría en la historia y en la vida de este hombre. Sin oportunidad de decir nada más o hacer algo, la mente se le enfermó a Nabucodonosor. La capacidad de dirigente la perdió, sus modales y comportamiento se volvieron groseros. Actuaba como un animal y deseaba comer hierba. En su demencia, imitaba a los bueyes. Por más cuidado que le dieran sus allegados, siempre se las ingeniaba para huir a los pastos y pasar las noches mojándose con el rocío celestial. Perdió todo deseo de aseo, hasta el extremo que no se dejabar recortar el cabello, menos aún cortarse las uñas.

La restauración (versículos 34-36)

Versículo 34: *«Mas al fin del tiempo yo, Nabucodonosor, alcé mis ojos al cielo, y mi razón me fue*

devuelta, y bendije al altísimo y alabé y glorifiqué al
que vive para siempre, cuyo dominio es sempiterno
y su reino por todas las edades.»

Después que el juicio divino se cumplió, Dios le dio
a Nabucodonosor la oportunidad de reconocer su incapacidad y de entender la fuerza y el poder que el Altísimo posee.

Cuando él «alzó sus ojos al cielo», no mirando la
Babilonia que había edificado, su «razón» volvió a él.
Él dice claramente: «mi razón me fue devuelta». Es
como leemos en la versión Dios habla hoy: «me sentí
curado de mi locura». Al buscar a Dios recibió el milagro.

Es evidente la actitud de adoración en el rey: «bendije... alabé y glorifiqué». Parece convertirse en un creyente del Altísimo. Sobre este particular algunos comentaristas opinan: «Nabucodonosor sólo recupera su
estado normal convirtiéndose al verdadero Dios.»[10] «Es
la última mención de Nabucodonosor que hallamos en
las Escrituras... Por lo tanto podemos concluir que
murió creyendo en el Dios de Israel.»[11] «Nabucodonosor recobró no sólo la razón y el trono, pero según parece encontró su salvación personal» (versículos 2, 3,
34, 37).[12]

Versículo 35: *«Todos los habitantes de la tierra*
son considerados como nada, y Él hace según su
voluntad en el ejército del cielo y en los habitantes
de la tierra, y no hay quien detenga su mano y le
diga: ¿Qué haces?»

Estas palabras me recuerdan lo dicho por Cristo en
el «Padre nuestro»: «Hágase tu voluntad, como en el
cielo, así también en la tierra» (Mateo 6:10). A Nabucodonosor le tomó ocho años para entender esta ver-

80

dad teológica; que Dios reina en el cielo y en la tierra. Ningún ser humano puede decirle a Dios lo que tiene que hacer o pedirle cuentas por lo que hace. Dios es Dios y nosotros sus criaturas.

Versículo 36: «*En el mismo tiempo mi razón me fue devuelta y la majestad de mi reino, mi dignidad y mi grandeza volvieron a mí, y mis gobernadores y mis consejeros me buscaron, y fui restablecido en mi reino, y mayor grandeza me fue añadida.*»

Dios le devolvió todo lo que tenía; la razón, la majestad, la dignidad y la grandeza. La confianza de sus oficiales, después de una insanidad tan prolongada, le impartieron confianza. Aun su hijo, Evil-Merodac, desocupó el trono imperial para que su padre lo ocupara nuevamente. En añadidura, la grandeza que alcanzó fue superior. Esta grandeza, lo más seguro es que se refiere a la administración de su imperio y no a nuevas conquistas militares.

Versículo 37: «*Ahora yo, Nabucodonosor, alabo, engrandezco y glorifico al rey del cielo, porque todas sus obras son verdaderas y sus caminos justos, y Él puede humillar a los que andan con soberbia.*»

Este versículo es una prueba más de lo que podemos llamar la conversión de Nabucodonosor. Tristemente, no hay pruebas en los anales de la historia para saber si Nabucodonosor perseveró. Si fue fiel a la profesión de fe que hizo un día, lo veremos en el cielo. Hasta el último día de su existencia humana, el monarca jamás olvidó la lección de la humillación. No ol-

videmos el consejo de Santiago: «Dios resiste a los so-
berbios y da gracia a los humildes» (Santiago 4:6).

Aplicación profética

Este capítulo, al igual que el anterior, no es profético-escatológico en su contenido. El juicio sobre Nabucodonosor, no obstante, puede ofrecernos una aplicación escatológica en relación con la tribulación y los
gentiles. La reflexión se puede formular en cuatro reflexiones:

1. Los «siete tiempos». En Daniel 9:24-27 se registra la profecía ya cumplida parcialmente y que se terminará de cumplir de las setenta semanas. La semana
que falta para completar la profecía, la número setenta, abarca el tiempo del apogeo del anticristo o la bestia. Esa semana-años cubrirá un término de siete años
o tiempos. Durante esos «siete tiempos» del fin la locura de las naciones gentiles se pondrá de manifiesto.

2. La «cepa de sus raíces dejaréis en la tierra».
Esa cepa o tronco representaba que Nabucodonosor,
un rey gentil, después de su juicio divino, sería restaurado. En la gran tribulación las naciones gentiles serán castigadas por los juicios de los sellos, las trompetas
y las copas. Pero la cepa volverá a retornar y habrá naciones gentiles durante el milenio (Mateo 25:31-45; Apocalipsis 2:26) y en el estado eterno (Apocalipsis 21:24).

3. El «alce mis ojos al cielo». El propósito de la
tribulación es para que las naciones gentiles reconozcan la soberanía de Dios. Muchos gentiles alzarán sus
«ojos al cielo» y declararan que Dios reina en el cielo y
en la tierra (Apocalipsis 7:9-10). A muchos les costará
la muerte el alzar sus ojos al cielo, pero la recompensa
eterna les será mayor (Apocalipsis 7:13-17, 20:4).

4. La «mi razón me fue devuelta». El hombre que

vive alejado de Dios está incompleto. Pablo dice que tiene «una mente reprobada» (Romanos 1:28). Además declara: «Pero el hombre natural no percibe las cosas que son del Espíritu de Dios, porque para él son locura y no las puede entender, porque se han de discernir espiritualmente» (1.ª Corintios 2:14). Del pródigo leemos: «Y volviendo en sí...» (Lucas 15:17). Todos los juicios divinos son para que la razón del hombre le sea devuelta.

Notas bibliográficas

1. Adam Clarke, *Comentario de la Santa Biblia* II, p. 322.
2. Urias Smith, *Daniel*, p. 59.
3. Elvis L. Carballosa, *Daniel y el Reino Mesiánico*, p. 110.
4. Henry H. Halley, *Compendio manual de la Biblia*, p. 307.
5. Biblia de Jerusalén, *Comentario a Daniel 4:24*.
6. Urias Smith, ob. cit., p. 64.
7. Merrill F. Unger, *El mensaje de la Biblia*, p. 246.
8. Henry H. Halley, ob. cit., p. 300.
9. Elvis L. Carballosa, ob. cit., p. 114.
10. Biblia de Jerusalén, *Comentario a Daniel 4:27*.
11. Urias Smith, ob. cit., p. 66.
12. J. A. Stahr, *Daniel*, p. 20.

5

La fiesta final de un imperio

Lo relatado en este capítulo 5 ocurrió en el año 539 a. C. Era el día 16 del mes Tishri, o sea, septiembre a octubre.[1] En este capítulo encontramos la transición de la cabeza de oro al pecho y los brazos de plata (Daniel 2:37-39). Es donde el león con alas de águila es substituido por un oso bajo de un costado y con tres costillas en su boca (Daniel 7:4-5). En este capítulo se cumplen una serie de profecías de Isaías y Jeremías en relación con el final del Imperio babilónico. Así como Babilonia había sido el «azote de Dios» para la nación de Judá, el Imperio de Media-Persia sería ahora el «azote de Dios» para la nación caldea.

La fiesta de blasfemia (versículos 1-4)

> Versículo 1: *«El rey Belsasar hizo un gran banquete a mil de sus príncipes, y en presencia de los mil bebía vino.»*

Según la crítica radical, la noche que Babilonia fue tomada por los medos-persas el rey no podía ser Belsasar. Según los anales históricos, el último rey de Babilonia lo había sido Nabonido, el cual había sido hecho prisionero por los medos-persas en Borsippa.

Un descubrimiento arqueológico, en el año 1853, disipó las dudas históricas sobre Belsasar. En una piedra angular se encontró en las ruinas de un templo erigido por Nabonido un escrito que leía: «Que yo, Nabonido, rey de Babilonia, no ofenda contra ti. Y que reverencia hacia ti more en el corazón de Belsasar, mi hijo primogénito y favorito.»[2]

La escritura correcta de este nombre, en el caldeo era «Bel-sar-usur». Su significado literal es «Bel protege al rey» o «quiera Bel proteger al rey». En Jeremías 27:7 hay una profecía de índole genealógico sobre tres reyes de Babilonia: «Todas las naciones estarán sometidas a él (Nabucodonosor), a su hijo (Evil-Merodac) y a su nieto (Belsasar), hasta que a su país le llegue el momento de estar también sometido a grandes naciones y reyes poderosos» (Jeremías 27:7, Dios habla hoy. Paréntesis nuestros).

Este banquete era un homenaje que el rey Belsasar confería a sus altos funcionarios. La Biblia de Jerusalén explica: «El rey Belsasar dio un gran festín en honor de sus mil dignatarios, y en presencia de estos mil bebió vino.»

Lo más probable era que el rey Belsasar ocuparía un lugar céntrico, elevado por alguna plataforma donde podía ser visto por todos los convidados a aquel gran homenaje político. Para los allí presentes más importante que la comida lo era el vino.[3]

Versículos 2-3: «*Belsasar, con el gusto del vino, mandó que trajesen los vasos de oro y de plata que Nabucodonosor, su padre, había traído del templo de Jerusalén para que bebiesen en ellos el rey y sus grandes, sus mujeres y su concubinas. Entonces fueron traídos los vasos de oro que habían llevado*

*del templo de la casa de Dios que estaba en Jerusa-
lén, y bebieron en ellos el rey y sus príncipes, sus
mujeres y sus concubinas. Bebieron vino y alaba-
ron a los dioses de oro y de plata, de bronce, de hierro, de madera y de piedra.»*

La expresión «con el gusto del vino» se explica en
otras versiones: «excitado por el vino» (Dios habla
hoy); «bajo el efecto del vino» (Biblia de Jerusalén);
«animado por el vino». Claramente se ve que el rey estaba ebrio, sin control de sus facultades, y le faltaba
juicio en sus acciones.

En su borrachera le dio porque sus oficiales, esposas y concubinas tomaran vino en los vasos sagrados.
Ellos tenían sus esposas, pero para no cansarse mantenían un buen número de concubinas. Podían tener 3,
10 o más esposas y un número sin contar de concubinas, todas cuantas quisieran. Esto nos puede dar una
idea del número de convidados a ese festín; ligeramente podían pasar sobre los cinco mil.

Estos vasos sagrados fueron parte del tesoro que
Nabucodonosor, el antepasado de Belsasar, había re-
colectado durante tres incursiones que hizo a Judá:

1. En el año 606 a. C., bajo el reinado de Joacim:

    *«Y el Señor entregó en sus manos a Joacim, rey
    de Judá, y parte de los utensilios de la casa de Dios,
    y los trajo a tierra de Sinar, a la casa de su dios, y
    colocó los utensilios en la casa del tesoro de su
    dios»* (Daniel 1:2).

2. En el año 597 a. C., bajo el reinado de Joaquín:

    *«Y sacó de allí todos los tesoros de la casa de
    Jehová y los tesoros de la casa real y rompió en pe-
    dazos todos los utensilios de oro que había hecho*

Salomón, rey de Israel, en la casa de Jehová, como Jehová había dicho» (2.ª Reyes 24:13).

3. En el año 586 a. C., bajo el reinado de Sedequías:

«*Y quebraron los caldeos las columnas de bronce que estaban en la casa de Jehová, y las basas y el mar de bronce que estaba en la casa de Jehová, y llevaron el bronce a Babilonia. Llevaron también los caldeos las paletas, las despabiladeras, los cucharones y todos los utensilios de bronce con que ministraban; incensarios, cuencos, los que de oro, en oro, y los que de plata, en plata; todo lo llevó el capitán de la guardia*» (2.ª Reyes 25:13-15).

Es significativo mencionar que en el año 536, Ciro, el monarca persa, devolvió a Judá todos los utensilios que Nabucodonosor había tomado:

«*Y el rey Ciro sacó los utensilios de la casa de Jehová, que Nabucodonosor había sacado de Jerusalén, y los había puesto en la casa de sus dioses... Y ésta es la cuenta de ellos: treinta tazones de oro, mil tazones de plata, veintinueve cuchillos, treinta tazas de oro, otras cuatrocientas tazas de plata y otros mil utensilios. Todos los utensilios de oro y de plata eran cinco mil cuatrocientos. Todos los hizo llevar a Sesbasar con los que subieron del cautiverio de Babilonia a Jerusalén*» (Esdras 1:7-11).

Lo más seguro es que en los treinta tazones de oro y en los mil tazones de plata bebieron el rey, sus príncipes y las reinas. En las treinta tazas de oro y en las cuatrocientas diez tazas de plata beberían las concubinas. Por lo menos encontramos que había disponibles del templo judío unos mil cuatrocientos setenta envases. Aun en Daniel 5:2 leemos: «mandó que trajesen los vasos de oro y de plata...»

En su borrachera se pusieron a mofarse del Dios verdadero y a darle expresiones de alabanza a sus dioses de metal, de madera y de piedra. Esta clasificación parece indicar el valor que atribuían a sus ídolos, costando más los de oro, luego los de plata, después los de bronce, hierro, y los de menos costo se hacían en madera y en piedra. El beber en estos vasos sagrados en presencia de aquellos ídolos era un desafío al Dios de Israel. Antiguamente se les atribuían las victorias militares a los dioses paganos. El pueblo judío se las atribuía a Jehová, su Dios poderoso. El tomar lo que pertenecía al templo de un dios enemigo y traerlo como trofeo de guerra al templo de otro dios era señal de mantener débil a dicho dios. Lo que no sabían Belsasar y su banda de borrachos y blasfemos era que el Dios de los judíos nunca se debilitaba. No era un Dios de metal o de madera o de piedra. Era un Dios que es espíritu y que es todopoderoso. Nunca había sido derrotado. Su poder no lo tenía en utensilios o vasos de oro y plata. Eso, Belsasar y sus compinches, lo desconocían. El profeta Jeremías predijo el castigo que le vendría a Babilonia por su idolatría (Jeremías 50:2, 38, 51:52).

La fiesta de las Escrituras (versículos 5-16)

Versículo 5: «*En aquella misma hora aparecieron los dedos de una mano de hombre que escribía delante del candelero sobre lo encalado de la pared del palacio real, y el rey veía la mano que escribía.*»

Algunos comentaristas han sugerido que este candelero sea el mismo del tabernáculo y el del templo.

Es necesario aclarar algo; en el tabernáculo había un solo candelero (Éxodo 25:31, 33-35, 40:24); sin embargo, en el templo de Salomón había diez candeleros del templo judío, y éste mencionado en esta escritura. Antiguamente los candeleros eran las lámparas que se usaban para alumbrar.

En medio de la borrachera de Belsasar una mano misteriosa, que mostraba claramente los dedos, comenzó a moverse y a escribir sobre la superficie de la pared. Lo más seguro era que escribía con un solo dedo. La versión Dios habla hoy explica: «comenzó a escribir con el dedo sobre la pared blanca de la sala».

Esa pared, como el texto la describe, estaba y formaba parte del palacio del rey. Ese mismo palacio, usado por Nabonido y Belsasar, fue el que había construido Nabucodonosor. El fundamento del mismo fue descubierto por los arqueólogos.[4]

Esta manifestación de la mano sólo la veía el rey. Era con él con quien Dios quería tratar. Cuando el Señor Jesucristo se le reveló a Saulo de Tarso, camino a Damasco, los que iban con él vieron la luz, pero no entendieron lo que Cristo hablaba con él (Hechos 22:29).

Versículo 6: «*Entonces el rey palideció y sus pensamientos lo turbaron y se debilitaron sus lomos y sus rodillas daban la una contra la otra.*»

Algunas versiones de la Biblia explican este relato como sigue: «Entonces el rey cambió de color, sus pensamientos le turbaron, las articulaciones de sus caderas se le relajaron y sus rodillas se pusieron a castañear» (Biblia de Jerusalén). «Se puso pálido y, del miedo que le entró, comenzó a temblar de pies a cabeza» (Dios habla hoy).

Éstos son los síntomas de una persona que es presa del pánico. Belsasar se había rebelado contra Dios.

Dios se enfrenta a él, pero tiene que temblar, esa mano misteriosa pertenecía al Altísimo. Con ese mismo dedo que escribió sobre esa pared había escrito las tablas de la ley (Éxodo 31:18). Los hechiceros, en Egipto, reconocieron que las plagas eran «dedo de Dios» (Éxodo 8:19). El guapetón Belsasar estaba lleno de miedo en presencia de sus funcionarios.

Esta experiencia de Belsasar parece ser el cumplimiento profético a lo dicho por el profeta:

> «Por tanto, mis lomos se han llenado de dolor; angustias se apoderaron de mí, como angustias de mujer de parto; me agobié oyendo, y al ver me he espantado. Se pasmó mi corazón, el horror me ha intimidado; la noche de mi deseo se volvió en espanto. Ponen la mesa, extienden tapices, comen, beben. Levantaos, oh, príncipes, ungid el escudo» (Isaías 3-5).

> Versículos 7-9: «El rey gritó en alta voz que hiciesen venir magos, caldeos y adivinos, y dijo el rey a los sabios de Babilonia: Cualquiera que lea esta escritura y me muestre su interpretación, será vestido de púrpura, y un collar de oro llevará en su cuello, y será el tercer señor en el reino. Entonces fueron introducidos todos los sabios del rey, pero no pudieron leer la escritura ni mostrar al rey su interpretación. Entonces el rey Belsasar se turbó sobremanera y palideció, y sus príncipes estaban perplejos.»

Tres cosas el rey prometía a cualquiera que pudiera leer lo que estaba escrito en la pared y darle la interpretación: Primero, un vestido de púrpura. Esta vestidura sería un uniforme que señalaría a la tal persona como miembro de la clase real. Segundo, un collar de oro. Éste simbolizaría el servicio que la tal persona rindió al imperio. Era una consideración, un reconocimiento, el cual garantizaba ciertos privilegios al portador. Tercero, sería tercer señor en el reino. No creo que aquí se haga referencia a algún triunvirato, sino que bajo el reinado de Nabonido con Belsasar la tal persona sería el hombre clave en todo el imperio.

Los sabios de Babilonia ya habían fracasado dos veces, en el pasado, bajo el reinado de Nabucodonosor (Daniel 2:10-11, 4:7). Ahora tenían la tercera oportunidad de demostrar su poder. Como ya había sucedido volvieron a demostrar su incapacidad en cuanto a los misterios divinos. Las cosas que pertenecen a Dios sólo las entienden los que le sirven. En los asuntos divinos el diablo no tiene parte. Más aún, Satanás no entiende los misterios de Dios.

El texto cita: «no pudieron leer la escritura ni mostrar su interpretación». Algunos comentaristas suponen que era debido a que la misma era un escrito hebreo. Otros, que era un arameo antiguo. Están los que han llegado a opinar que la escritura estaba de tal manera que era difícil leerla. Puede que Dios les haya velado el entendimiento para la misma. Fuera lo que fuera, esa escritura sólo la leería un hombre, Daniel, y la interpretaría él mismo. Era un negocio de Dios. Y en sus cosas el Señor no quiere intrusos.

Versículo 10: «*La reina, por las palabras del rey y de sus príncipes, entró a la sala de banquete y dijo: Rey, vive para siempre; no te turben tus pensamientos ni palidezca tu rostro.*»

La identidad de esta reina ha sido centro de debates. Algunas de las posibilidades son: Primero, la viuda de Nabucodonosor, a quien se le conoce por Nitocris. Segundo, la viudad de Evil-Merodac. Tercero, la reina esposa de Nabonido, una hija de Nabucodonosor. Cuarto, la reina esposa de Belsasar.

La cuarta posiblidad tenemos que descartarla inmediatamente. El verdadero rey lo era Nabonido y no Belsasar. Por lo tanto, sólo podía haber una reina. Lo más probable era que la esposa de Belsasar estaba también en el festín.

La tercera posibilidad señala a la madre de Belsasar, esposa de Nabonido e hija de Nabucodonosor. Es sostenida la postura, por muchos comentaristas, que antes de la toma de Babilonia la misma había fallecido. Una vez más tenemos que descartar esta posibilidad.

La segunda posibilidad, la viuda de Evil-Merodac, es difícil de aceptarla. El corto reinado de su esposo sólo abarcó dos años; Neriglisar, su cuñado, esposo de la hermana de aquél, lo asesinó. Esta tragedia, que formó parte de un golpe de estado, le quitaba a ésta todo privilegio y derechos.

La primera posibilidad, la viuda de Nabucodonosor, la abuela de Belsasar, es la más aceptada por los críticos. Según Adam Clarke tenía que ser aquélla.[5] En la historia se conoce por el nombre de Nitocris.

Notemos el saludo de la anciana reina: «¡Rey, vive para siempre!» Lo menos que ella se podía imaginar era que el último día de su vida le había llegado a su nieto. Ella no había asistido al banquete, la experiencia que su fallecido esposo había tenido con el Dios de los judíos tal parece que la había influenciado. La algarabía que allí se estaba desarrollando llamó la atención de Nitocris y sin nadie llamarla hizo acto de presencia.

En los versículos 11 y 12 ella da testimonio del carácter y capacidad de Daniel. Me recuerda a la esclava judía en la casa del leproso Naamán. Ella reconoce a Daniel como un hombre santo, inteligente y sabio.

La expresión «el rey Nabucodonosor, tu padre» no debe entenderse como se aplica hoy día. Entre los hebreos y caldeos no existía una palabra que significara «abuelo», tampoco la palabra que dijera «bisabuelo». Además, el término «nieto» o «biznieto» carecía de palabras apropiadas. La palabra «padre» mencionada en este versículo 11 a la luz del versículo 2 significa «abuelo».

Versículo 13: *«Entonces Daniel fue traído delante del rey. Y dijo el rey a Daniel: Eres tú aquel Daniel de los hijos de la cautividad de Judá que mi padre trajo de Judea.»*

Yo diría más bien que Belsasar estaba delante de Daniel. Es como si dijéramos que Félix, Festo y Agripa estuvieron delante de Pablo, y no éste delante de ellos.

Tomando en cuenta que Daniel fue llevado al cautiverio entre diecinueve a veinte años, en esta ocasión ya tendría ochenta y seis años de edad. Era un anciano físicamente, pero para Dios era un vaso que todavía estaba en buen estado. Podemos creer que después de la muerte de Nabucodonosor, en el año 562 a. C., Daniel había perdido los privilegios de los cuales había gozado. Por veintitrés años sus servicios no habían sido solicitados. Aparentemente estaba inactivo. Para los hombres tenía que estar retirado, pero Dios todavía no le había dado el retiro.

Los belsasales de este mundo no invitan a los danieles a sus fiestas. Ellos se gozan en la vanidad de este mundo, idolatrías, borracheras, orgías sexuales, desenfreno moral. Saben que los danieles les censurarán su pecado. Pero cuando el miedo se apodera de ellos se acuerdan de los danieles y envían por ellos.

Muchas personas no quieren saber de los pastores, los evangelistas, las misioneras, los maestros bíblicos... En sus actividades no tienen invitación para éstos, pero cuando les llega la última noche se acuerdan de que necesitan a un Daniel delante de ellos.

Daniel vino delante del rey, Belsasar, no para que éste tuviera otra oportunidad, sino para darle lectura a un obituario en vida y expresarle la más triste eulogía. Sé de muchos que cuando el miedo a la enfermedad o el pánico ante la muerte se apodera de ellos, mandan a buscar al ministro. Como si esto les fuera a dar la sanidad o a prolongarles la vida. Es ahora, cuando estamos en las buenas, que tenemos que acordarnos de Dios y de los danieles que él tiene para ministrarnos.

Belsasar se introduce a Daniel con una pregunta: «¿Eres tú, Daniel, uno de aquellos prisioneros judíos que mi padre, el rey Nabucodonosor, trajo de Judea?» (Dios habla hoy). Si lo recordaba se hizo él que no lo reconocía. Pero Daniel sí lo reconocía muy bien. Quizá con esta hipocresía, Belsasar trataba de excusarse por su falta de atención que durante su reinado no expresó a aquel anciano.

En los versículos 14 al 16 el rey reconoce lo que la reina le había dicho de Daniel. Le dice a Daniel lo que él ya había escuchado de su abuela. Quizá con éste pensaba granjearse cierto respeto del profeta. Él busca adularlo. Le confiesa a Daniel que sus magos y astrólogos han fracasado en esta misión. Le promete al profeta darle los dos obsequios, el vestido de púrpura y el collar de oro y una alta posición política.

La fiesta de la interpretación (versículos 17-28)

Versículo 17: «*Entonces Daniel respondió y dijo delante del rey: Tus dones sean para ti, y da tus recompensas a otros. Leeré la escritura al rey y le daré la interpretación.*»

Daniel no era un mercenario. El ministerio que Dios le había dado él no lo usaba como negocio. Las adulaciones o regalos no lo podían sobornar a comprometer su ministerio. Muchos ministros han sido atrapados por el diablo al poner la mirada en las cosas materiales y no mirar al ministerio que han recibido.

En los versículos 18 al 21 el profeta le recuerda a Belsasar el castigo que su abuelo había recibido por su soberbia y orgullo. En palabras dramáticas le presenta el cuadro de la locura de Nabucodonosor. Muchas veces Belsasar había escuchado esta historia de labios de Nitocris, su abuela. En toda esta ilustración Daniel desea que el rey entienda que Dios castiga.

Versículo 22: «*Y tú, su hijo, Belsasar, no has humillado tu corazón sabiendo todo esto.*»

Belsasar no tenía excusa. En su abuelo Dios le había dado un ejemplo. Su pecado lo hacía a sabiendas. Son millares las personas que «sabiendo todo esto» se rebelan y pecan contra Dios. El día les llegará cuando tendrán que responderle al Altísimo por todo lo que han hecho maliciosa y voluntariamente.

En el versículo 23, Daniel, sin rodeos, le señala el pecado que Belsasar cometió al usar los vasos sagrados para beber vino. Le reprende por haber dado alabanzas a sus ídolos.

Notemos esta declaración: «Y al Dios en cuya mano está tu vida y cuyos son todos tus caminos, nunca honrastes.» La vida y los planes de Belsasar estaban bajo el control de la soberanía divina. Mientras Dios quisiera, el rey seguiría viviendo y reinando; cuando el Altísimo dijera: «Belsasar, se te acabó tu tiempo», los dioses que había alabado nada podrían hacer; no eran sino hechura de hombres.

Versículos 24-28: «*Entonces de su presencia fue enviada la mano que trazó esta escritura. Y la escritura que trazó es: Mene, Mene, Tekel, Uparsin. Ésta es la interpretación del asunto: Mene: Contó Dios tu reino y le ha puesto fin. Tekel: Pesado has sido en balanza y fuiste hallado falto. Peres: Tu reino ha sido roto y dado a los medos y a los persas.*»

La mano que había escrito en la pared era de Dios. En la pared, Daniel vio escritas cuatro palabras: Mene, Mene, Tekel, Uparsin. La primera se repite dos veces con el propósito de dar cierto énfasis. Estas palabras, en el Oriente, señalan tres medidas de peso o tres monedas. La palabra mene se refiere a la mina, tekel al sequel y pares a la media mina.[6]

Cada una de estas palabras significa: Mene, contar, tekel, pesar y peres dividir. Peres es el participio de «parsin». La «u» simplemente significa «y», es una conjunción.

La profecía, para Belsasar, es triple en su contenido. Él había prometido tres regalos, Dios le tiene para él tres también. En ese momento él estaba en la silla de acusado delante de Dios. La interpretación de Daniel es clara: Dios le había medido los días de vida a Belsasar, y su reinado había llegado al final. Ante Dios el rey no tenía peso. El reino, Dios se lo había quitado para dárselo a los medos-persas.

A todo ser humano le llegará su «mene», Dios ya ha contado los años que viviremos sobre esta tierra. Él sabe si moriremos este año, de aquí a cinco años o si viviremos hasta la ancianidad. El «mene» de Belsasar fue de horas. Antes de que se cumpla nuestro «mene» estemos a cuentas con Dios.

Según tendremos un «mene», ahora ya tenemos nuestro «tekel». Dios nos está pesando. El peso que el Altísimo requiere de nosotros no lo puede proporcionar la religión, las obras, la moralidad. En la balanza divina lo único que nos puede ayudar a ganar peso son: la sangre de Cristo, el perdón de los pecados, una vida de santidad y estar llenos del Espíritu Santo. Muchos, en la eternidad, hallarán que su «tekel» necesitaba peso. Tristemente, nunca le dieron la oportunidad al Señor, el único que les podía ayudar.

Lo último que experimentaremos será el «uparsin». Llegará el momento de la división entre el cuerpo y el alma-espíritu. Nuestra casa-cuerpo será demolida, el inquilino espiritual que la habita tendrá que mudarse. Hay dos lugares para ir, no podemos vivir en uno e ir después al otro o vivir en los dos. Esos lugares señalarán el destino del verdadero yo, el real nosotros. Son tan literales como la tierra en la cual vivimos. Son el cielo o el infierno. Para ir al primero hay que hacer los preparativos con Cristo ahora. Para llegar al segundo no hagamos absolutamente nada.

Versículo 29: «*Entonces mandó Belsasar vestir a Daniel de púrpura y poner en su cuello un collar de oro y proclamar que él era el tercer señor del reino.*»

Entre este versículo 29 y el 17 no existe ninguna contradicción. Cuando el rey le hizo el ofrecimiento a Daniel, éste lo rechazó. Pero después de darle la interpretación es el rey mismo quien insiste para que Daniel reciba los obsequios que él había prometido. Notemos los verbos empleados: «mandó», «poner» y «proclamar». Un comentarista dice al particular: «... Belsasar llevó la farsa hasta el final y su proclamación de Daniel como tercero del reino no fue más que burla sarcástica».[7]

98

La fiesta de castigo (versículos 30-31)

Versículos 30-31: «*La misma noche fue muerto Belsasar, rey de los caldeos. Y Darío de Media tomó el reino, siendo de sesenta y dos años.*»

Mientras Belsasar hacía su fiesta blasfema, los ejércitos medos-persas ya habían puesto un sitio a la ciudad de Babilonia. La ciudad se sentía segura por sus inquebrantables fortificaciones. Las provisiones que tenía almacenadas podía garantizarle un sitio de hasta veinte años. Sus anchos muros, por los cuales podían correr cuatro carrozas, y con la altura que tenían, ofrecían la más segura protección.

Mientras la ciudad estaba descuidada, a millas de distancia, Ciro, el rey persa, dirigía a sus soldados en el trabajo de cavar canales a los lados del río Eúfrates para que en el momento preciso las aguas del río fueran desviadas hacia los mismos. La noche cuando fue tomada Babilonia, el monarca persa dio la orden; las aguas fueron apresadas o canalizadas, dejando seco el lecho del río. Por ahí comenzaron a marchar los ejércitos medos-persas.

Una vez que llegaron a la ciudad encontraron que las puertas habían sido dejadas abiertas, algo extraño para los invasores. Dios estaba de su parte. Además, dos desertores, Gadatas y Gobrias, habían traicionado a su nación y se prestaron para suministrarles información a los medos-persas. Ellos mismos dirigieron a los enemigos en la toma de Babilonia.

En la noche cuando las fuerzas invasoras entraron a Babilonia, los habitantes de la misma no presentaron mucha resistencia. Se rendían y deponían sus armas. La falta de dirección hizo que los militares fueran presos del pánico.

Ésa fue la última noche de Belsasar. A todo ser humano le llegará el último día, la última noche, el último baile, la última fiesta, el último viaje, la última cerveza, el último palito, la última fornicación, el último cigarrillo, la última trampa. Todo, un día, llegará a su final.

Sobre esta toma de Babilonia los profetas hablaron. Isaías profetizó que los medos-persas tomarían a Babilonia (Isaías 13:17, 21:2). Babilonia, «la ciudad codiciosa de oro» y opresora, llegaría a su fin (Isaías 14:4). Aun el profeta vio la noche de su caída, la fiesta que se estaría celebrando, la vigilancia descuidada y la invasión realizada (Isaías 21:4-10).

En los capítulos 50 y 51, el profeta Jeremías, en lujo de detalles proféticos, describe la toma, destrucción e invasión de Babilonia por un pueblo del Norte que sería ayudado por otros pueblos vecinos (Jeremías 50:3, 9, 41). El profeta también reveló que Babilonia sería traicionada (Jeremías 50:24). El rey de Babilonia estaría débil y angustiado al recibir la noticia de la invasión (Jeremías 50:43).

El profeta Jeremías señala la prontitud de la toma de Babilonia (Jeremías 51:8). Él identificó a la nación del Norte como Media y a los otros pueblos como los reinos de Ararat, de Mini y de Askenza (Jeremías 51:27-28). El ejército babilónico sería víctima del miedo (Jeremías 51:30). Los funcionarios del imperio estarían borrachos (Jeremías 51:57).

«Darío de Media tomó el reino, siendo de sesenta y dos años.» El Darío aquí mencionado es Cyaxares II, tío de Ciro. Él unificó su Imperio medo al de los persas, siendo una coalición entre estos dos reinos para combatir al enemigo caldeo. Se espera que descubrimientos arqueológicos, en el futuro, puedan suministrar información sobre este Darío. Muchos comentaristas identifican a este Darío con Gobrias, general persa que se encargó de la toma de Babilonia bajo las órdenes de Ciro.[8] Se cree que fue este Gobrias quien asesinó al rey Belsasar.

Aplicación profética

El contenido de este capítulo, así como vimos en el 3 y el 4, no es profético-escatológico. Lo que en el mismo se describe se refiere a Belsasar y a la caída del Imperio babilónico. Si lo tratamos en una postura escatológica podemos opinar lo siguiente:

1. En un momento cuando menos se lo esperó le llegó el final a Belsasar. Pablo, hablando de los días finales, dijo: «Que cuando digan paz y seguridad, entonces vendrá sobre ellos destrucción repentina, como los dolores a la mujer encinta, y no escaparán» (1.ª Tesalonicenses 5:3).

2. En el último día de la vida de Belsasar, él y sus príncipes alababan a sus dioses metálicos. Después del juicio de la sexta trompeta veremos que la idolatría continúa: «Y los otros hombres que no fueron muertos con estas plagas ni aun así se arrepintieron de las obras de sus manos, ni dejaron de adorar a los demonios y a las imágenes de oro, de plata, de bronce, de piedra y de madera, las cuales no pueden ver ni oír ni andar» (Apocalipsis 9:20, cf. Daniel 5:23).

3. La caída de Babilonia es una figura de la derrota de la Babilonia religiosa (Apocalipsis 17) y de la Babilonia comercial (Apocalipsis 18). En Apocalipsis 18:10 leemos: «... ¡Ay, ay de la gran ciudad de Babilonia, la ciudad fuerte, porque en una hora vino tu juicio!».

4. Los medos-persas habían desviado las aguas del río Éufrates hacia canales en las riberas para luego movilizar su ejército a través del lecho seco del río. En

Apocalipsis 16:12 se nos dice: «El sexto ángel derramó su copa sobre el gran río Éufrates y el agua de éste se secó para que estuviese preparado el camino a los reyes del Oriente.» El secamiento literal del río Éufrates en los días de Ciro señala el secamiento futuro bajo el juicio del sexto sello, permitiéndosele así el paso a poderosos ejércitos que se movilizarán en dirección al armagedón.

Notas bibliográficas

1. Elvis L. Carballosa, *Daniel y el Reino Mesiánico*, p. 133.
2. Henry H. Halley, *Compendio manual de la Biblia*, p. 308.
3. En la antigua versión Casiodoro de Reina del año 1569 leemos: «y contra todos mil bebía vino». Esto parece sugerir que Belsasar competía y bebía más que sus invitados.
4. Henry H. Halley, ob. cit. p. 308.
5. Adam Clarke, *Comentario de la Santa Biblia*, II, p. 324.
6. Biblia de Jerusalén, *Comentario a Daniel 5:25*.
7. José Grau, *Las profecías de Daniel*, p. 91.
8. *Biblia anotada de Scofield, Comentario a Daniel 5:31*.

6

El anciano, hombre de oración

El acontecimiento de este capítulo 6 se desarrolla durante el primer año del rey Darío el Medo, conocido como Ciaxares II. Este año era el 539 a. C., el año cuando hubo la transición del gobierno babilónico al de los medos-persas. Según algunos historiadores el reinado de Darío sólo abarcó dos años porque la muerte se lo interrumpió.

En Daniel 5:31 leemos: «Y Darío de Media tomó el reino, siendo de sesenta y dos años.» La Biblia hebrea ubica este versículo como el número uno del capítulo 6. Darío era ya anciano cuando Ciro le encargó el gobierno de la ciudad de Babilonia. A la muerte de éste Ciro tomó el mando de Babilonia (Daniel 6:28).

Este capítulo 6, al igual que el capítulo 3, persigue la finalidad de enfatizar la fidelidad y la desobediencia civil ante leyes y decretos que sean promulgados en un espíritu que se oponga a Dios y a su palabra. El creyente, antes que todo, está comprometido con los intereses del cielo y bajo la soberanía y gobierno del Altísimo.

Un anciano bendecido (versículos 1-3)

Los versículos 1 al 3 nos presentan la administración política que Darío había organizado para la buena marcha en su gobierno. El Imperio babilónico lo había dividido en ciento veinte provincias bajo la dirección de igual número de «sátrapas». La palabra «sátrapas» puede significar «gobernadores regionales« (Dios habla hoy). En los días del rey persa Jerjes el Grande, año 479 a. C., leemos que el Imperio medopersa estaba dividido en «ciento veintisiete provincias» (Ester 1:1).

Sobre estos gobernadores regionales Darío quería poner tres gobernadores nacionales. La Biblia de Jerusalén les llama «ministros». La versión Dios habla hoy los describe como «supervisores». La capacidad administrativa de Daniel le abre las puertas para que Darío le dé una promoción en la cual lo pondría por encima de los otros dos «ministros» y de todos los «gobernadores regionales».

La expresión «porque había en él un espíritu superior» nos recuerda lo dicho por Nabucodonosor (Daniel 4:18) y por la reina (Daniel 5:11). En Daniel estaba el Espíritu Santo, por medio del cual tenía acceso a los misterios que le estaban velados a la comprensión humana. Ese mismo Espíritu de Dios lo ponía en gracia y le ayudaba a tomar decisiones, a dar ideas y a alcanzar gracia delante del que Dios quería.

Un anciano asediado (versículos 4-9)

Versículos 4-5: «*Entonces los gobernadores y sátrapas buscaban ocasión para acusar a Daniel en lo relacionado al reino, mas no podían hallar ocasión alguna o falta, porque él era fiel y ningún vicio*

*ni falta fue hallado en él. Entonces dijeron aquellos
hombres: No hallaremos contra este Daniel ocasión
alguna para acusarle si no la hallamos contra él en
relación con la ley de su Dios.»*

La promoción que tenía en su mente Darío no fue
del agrado de los gobernadores y sátrapas. Para ellos
Daniel era un extranjero que no merecía tal puesto.
Quizá no veían con buenos ojos que un anciano con
ochenta y siete años de edad, que ya tenía que estar ju-
bilado, físicamente pudiera soportar las presiones que
su nueva posición demandaba.

Esta actitud de ellos es lo que llamamos envidia.
La envidia ha sido siempre la carcoma de la sociedad. La
envidia que los hermanos de José le tenían lo llevó a la
tierra de Egipto como esclavo. La envidia llevó a David a huir de Saúl. La envidia hizo a Acab consentir,
con su mujer, Jezabel, para que Nabot fuera apedrea-
dor; el rey quería su viña.

La conducta pública y privada de Daniel era intachable. En sus responsabilidades «era fiel». No era un
político corrompido. Los puestos políticos corrompen
a los que se dejan corromper. Daniel era un político
que trabajaba con manos limpias y con buena conciencia. Sus enemigos «no podían hallar ocasión alguna o
falta». Este anciano político sabía dónde tenía que ir y
dónde su puesto no le permitía estar. No visitaba lugares prohibidos. Nadie podía decir vi esta falta o aquella en Daniel; no era perfecto, pero se cuidaba de vivir
su testimonio.

En él no se encontró «ningún vicio». Daniel no de-
jaba que ningún hábito malo dominara su mente, sus
deseos y sus emociones. En una ciudad tan corrompi-
da en el vicio como era Babilonia, Daniel brillaba por
la santidad que manifestaba. Era un creyente de día y

de noche, en público y en privado, con sus amigos y lejos de éstos.

Al ver sus enemigos que no pueden acusar a Daniel de infidelidad a la nación o al rey, de desórdenes morales, de una mala administración o de ser víctima de vicios, deciden hacerle la guerra con sus propias armas y en su territorio. Ellos buscarían la manera de comprometerlo con su propia religión.

En los versículos 6 al 9, los gobernadores y sátrapas conciben un plan donde por treinta días el rey Darío ocuparía el lugar de Dios. Por edicto real no se permitiría a nadie orar a otro dios que no fuera el monarca medo. Ese edicto sería confirmado y firmado por el rey.

Versículo 7: «*Todos los gobernadores del reino, magistrados, sátrapas, príncipes y capitanes han acordado por consejo que promulgues un edicto real y lo confirmes...*»

Ellos apelan a la unidad «todos», cuando realmente Daniel fue consultado para que se tomara esta decisión. La resolución, ellos la habían tomado a espaldas del profeta. Lo cierto es que si Daniel llegaba a estar presente, el lugar donde se habían reunido se hubiera transformado en un acalorado campo de debate.

Un anciano acusado (versículos 10-15)

Versículo 10: «*Cuando Daniel supo que el edicto había sido firmado entró en su casa y, abiertas las ventanas de su cámara, que daban hacia Jerusalén, se arrodillaba tres veces al día y oraba y daba gracias delante de su Dios, como lo solía hacer antes.*»

106

Ese edicto imperial no le quitaría el hábito diario que Daniel tenía de orar. La oración tres veces al día formaba parte del patrón de valores que el profeta había cultivado toda su vida. A él le podían quitar todo, pero el tiempo que dedicaba a buscar la presencia divina no lo comprometía con nada ni con nadie. Ni aun a sentencia de que sería «echado en el foso de los leones» (versículo 7) lo podía detractar de esa costumbre diaria.

En este pasaje vemos que Daniel no mostró temor ni tampoco fanatismo. Si hubiera tenido temor no hubiera abierto sus ventanas para orar. Si hubiera sido un fanático no se hubiera puesto a orar en alguna plaza pública o camino atestado de transeúntes. La vida de él estaba equilibrada. No se inclinaba a ningún extremo religioso, la frivolidad o el fanatismo.

Esta práctica de orar en dirección a Jerusalén parece tener su base textual en dos pasajes del Antiguo Testamento:

«Y si se convirtieren a ti de todo su corazón y de toda su alma, en la tierra de sus enemigos que los hubiere llevado cautivos, y oraren a ti con el rostro hacia su tierra, que tú diste a sus padres, y hacia la ciudad que tú elegiste y la casa que yo he edificado a tu nombre, tú oirás en los cielos en el lugar de tu morada, su oración y su súplica les hará justicia» (1.ª Reyes 8:48-49).

«Mas yo, por la abundancia de tu misericordia, entraré en tu casa; adoraré hacia tu santo templo en tu temor» (salmo 5:7).

Sobre esta prohibición de orar durante treinta días un escritor ha dicho: «Cortada por treinta días toda conexión entre el trono de la misericordia y gracia y los hombres impotentes, hambrientos, sedientos, moribundos. Todo un mes las madres, en sus dolores de parto, no pueden clamar a Dios; las cunas tienen que quedarse sin bendición; los jóvenes están impotentes delante de la tentación; las viudas y los huérfanos tienen que sufrir opresión sin dios a quien apelar; la vida humana sin defensa en presencia de asesinos; los bienes expuestos a ladrones y a los incendiarios; los pecadores mueren sin perdón, un embargo terrenal en contra de las ministraciones de ángeles y las misericordias celestiales; semejante ley, si pudiera hacerse vigente, sería el clímax de la locura. Fue una red que barría todo el océano para coger un solo pez.»[1]

En los versículos 11 al 15 los enemigos de Daniel lo espían orando, luego van donde el rey para formular una acusación por su costumbre de orar. En el verso 13 le dicen al rey: «... no te respeta a ti, oh, rey, ni acata el edicto que confirmaste, sino que tres veces al día hace su petición».

La postura religiosa de Daniel ellos la tuercen para que parezca una postura personal de éste contra el rey. Literalmente le dicen: «te ha faltado el respeto». José Grau le llama a esto «la distorsión de la verdad».[2]

En tres pasajes bíblicos se da énfasis a la ley medopersa, la cual, una vez ratificada, no podía ser abrogada o anulada (Daniel 6:8, 12 y 15). Esto demuestra la inferioridad del Imperio medo-persa en contraposición con el de Babilonia. De Nabucodonosor dijo Daniel: «... A quien quería mataba y a quien quería daba vida; engrandecía a quien quería y a quien quería humillaba» (Daniel 5:19). Esto nos recuerda lo dicho por Daniel a Nabucodonosor: «Y después de ti se levantará otro reino inferior al tuyo...» (Daniel 2:39).

Versículo 14: *«Cuando el rey oyó el asunto, le pesó en gran manera y resolvió librar a Daniel, y hasta la puerta del sol trabajó para librarle.»*

Este pasaje demuestra lo mucho que el rey apreciaba a Daniel. El saber que la ley que él mismo había firmado ofrecía sentencia de muerte para su amigo Daniel lo llenó de tristeza, y hasta el otro día, temprano, en la mañana, buscó la manera de dar la libertad a Daniel. Pero la propia ley que había firmado le tenía atadas las manos. El hombre, muchas veces, era prisionero de sus propias leyes.

Un anciano castigado (versículos 16-17)

Versículos 16-17: «*Entonces el rey mandó y trajeron a Daniel y le echaron en el foso de los leones. Y el rey dijo a Daniel: El Dios tuyo, a quien tú continuamente sirves, Él te libre. Y fue traída una piedra y puesta sobre la puerta del foso, la cual selló el rey con su anillo y con el anillo de sus príncipes, para que el acuerdo acerca de Daniel no se alterase.*»

Este foso de los leones tenía una entrada lateral. Una vez que Daniel entró al mismo, esa entrada fue sellada con el anillo del rey y el de sus príncipes. El grabado de los anillos se imprimía sobre una especie de arcilla blanda, la cual después se endurecía; cualquiera que trataba de remover ese sello lo rompía. Casi siempre, la mezcla donde se imprimiría el sello se adhería a una soga que a la vez cubría la boca del foso.

En Mateo 27:66 leemos: «Entonces ellos fueron y aseguraron el sepulcro, sellando la piedra y poniendo la guardia.» La piedra que se puso sobre el foso de los leones da evidencia del milagro que allí dentro Dios operó. La piedra, a la entrada del sepulcro del Señor, es una evidencia indiscutible de la resurrección que éste experimentó. Los críticos que niegan la resurrección del Señor dicen que en el sepulcro pusieron a un Cristo que estaba débil, pero no muerto. Un Cristo débil no hubiera podido mover aquella piedra. Otros dicen que los discípulos removieron la pesada piedra. Un grupo de discípulos no hubiera jamás podido desarmar a una guardia romana entrenada. El decir que los soldados se quedaron dormidos era un absurdo. Los soldados romanos sabían que el descuido se pagaba con la vida.

Darío le dice a Daniel: «El Dios tuyo, a quien tú continuamente sirves, Él te libre.» Algunas versiones explican: «Que tu Dios, a quien sirves con tanta fidelidad, te salve» (Dios habla hoy). «Tu Dios, a quien sirves con perseverancia, te librará» (Biblia de Jerusalén). «Que te salve ese Dios a quien tú veneras con tanta constancia» (nueva Biblia española).

La actitud de Daniel fue un testimonio que tocó el corazón de Darío. Las acciones ante un mundo pecaminoso muchas veces testifican más que las homilías vestidas en un traje de oratoria. En el poco tiempo que Darío conoció a Daniel vio la clase de hombre espiritual que era.

Un anciano preservado (versículos 18-24)

Versículo 18: *«Luego el rey se fue a su palacio y se acostó ayuno; ni instrumentos de música fueron traídos delante de él y se le fue el sueño.»*

Esa noche el rey Darío perdió el apetito, se sentía tan deprimido que aun la música que acostumbraba a escuchar todas las noches perdió el deseo para él mismo. Por más vueltas que daba en la cama no podía cerrar sus párpados. Pasó esa noche sin poder dormir. En su mente veía a Daniel, el foso de los leones y a

110

éstos moviéndose alrededor de su presa. El rey deseaba que el día amaneciera.

Versículos 19-20: «*El rey, pues, se levantó muy de mañana y fue apresuradamente al foso de los leones. Y acercándose al foso llamó a voces a Daniel con voz triste y le dijo: Daniel, siervo del Dios viviente, el Dios tuyo, a quien tú continuamente sirves, ¿te ha podido librar de los leones?*»

Muy de madrugada, sin desayunar, el rey se dirigió hacia el foso de los leones. Esto nos recuerda a los discípulos y a las mujeres que muy temprano, de mañana, fueron al sepulcro a buscar al Maestro (Mateo 28:1; Marcos 16:1-2; Lucas 24:1; Juan 20:1-18). Al llegar al foso, sin mirar dentro del mismo, lleno de tristeza en su voz, llama a Daniel para ver si éste le podía responder. Él reconoce la comunión que existía entre Daniel y su Dios. Por lo tanto, desea saber si el Dios de éste le ha preservado la vida en medio de aquellos hambrientos leones.

Versículo 21: «*Entonces Daniel respondió al rey: Oh, rey, vive para siempre. Mi Dios envió su ángel, el cual cerró la boca de los leones para que no me hiciesen daño, porque ante Él fui hallado inocente, y aun delante de ti, oh, rey, yo no he hecho nada malo.*»

Daniel no le responde al rey en un espíritu resentido. Él sabía que Darío había sido usado en contra suya, pero no voluntariamente. Un escritor ha dicho: «Daniel respondió, primeramente, con toda cortesía al rey: "Oh, rey, vive para siempre...", sin ningún rasgo de amargura en su corazón y sin inculpar al rey por haberlo condenado. Al contrario, Daniel, una vez

111

más testifica de su inocencia y da la gloria a Dios por haberle librado de la boca de los leones.»[3]

En Hebreos 11:33 leemos: «Que por fe... taparon bocas de leones.» Esto parece hacer alusión a la experiencia de Daniel frente a los leones. Daniel dijo: «Mi Dios envió a su ángel, el cual cerró la boca de los leones.» No bien Daniel entró al foso, un ángel de Dios comenzó a cerrar las bocas de los leones.

Aquellos felinos tenían hambre, pero no podían mover sus quijadas. Un ángel de Dios estaba protegiendo a Daniel. El ministerio de los ángeles todavía está activo. ¿De cuántos peligros no hemos sido salvados, sino por la intervención de los ángeles? Esta dispensación no ha dejado sin trabajo a los ángeles. Tristemente, muchos predicadores le dan tanto trabajo al Espíritu Santo, que han postergado a la historia pasada el ministerio de los mismos. ¿Con cuántos ángeles, quizá, nos hemos encontrado en nuestro camino, comido con ellos?

Antiguamente se creía que cuando un sentenciado a muerte sobrevivía a la misma era porque su inocencia lo absolvía delante de sus dioses o de Dios. Daniel apela a este argumento, «porque ante Él fui hallado inocente». Luego le añade al rey, «y aun delante de ti, oh, rey, yo no he hecho nada malo». ¡Si las naciones marxistas o comunistas entendieran esto, que servir a Dios, que orar a Dios, no encierra ningún acto malo!

Versículos 23-24: *«Entonces se alegró el rey en gran manera a causa de él, y mandó sacar a Daniel del foso, y fue Daniel sacado del foso y ninguna lesión se halló en él, porque había confiado en su Dios. Y dio orden el rey y fueron traídos aquellos hombres que habían acusado a Daniel y fueron echados en el foso de los leones ellos, sus hijos y sus mujeres, y aun no habían llegado al fondo del foso*

112

cuando los leones se apoderaron de ellos y quebra-
ron todos sus huesos.»

Aquí se nos da la clave del éxito de Daniel frente a esos leones: «... porque había confiado en su Dios». Es lo mismo que si dijéramos «porque tuvo fe en Dios». Ni un leve rasguño se encontró en su piel. No hubo león que se atreviera a tocarlo.

En una ocasión escuché a alguien decir: «Los leones no se comieron a Daniel porque no tenían hambre.» Entonces tendríamos que decir que leones sin hambre se comieron a los acusadores de Daniel y a sus familias. ¿Qué cree usted?

Este foso abierto estaba abierto en su parte superior. El texto dice: «no habían llegado al fondo del foso». Esto indica que ellos fueron arrojados desde arriba. Poniendo en armonía Daniel 6:17 y 6:24 tenemos entonces que incluir que el foso tenía una puerta lateral por donde se había introducido a Daniel, y por encima tenía una gran apertura. Algo así como muchos de los fosos para osos que vemos en los zoológicos.

Un anciano prosperado (versículos 25-28)

En los versículos 25 al 27 el rey Darío promulga un edicto en favor del Dios de Daniel. El episodio del foso de los leones y Daniel llevó al rey a admitir que el Dios de Daniel era viviente, permanente, indestructible, soberano, salvador, libertador y milagroso. Un decreto similar lo había formulado Nabucodonosor después que testificó la preservación de Ananías, Misael y Azarías en el horno de fuego (Daniel 3:29-30).

Versículo 28: «*Y este Daniel prosperó durante el reinado de Darío y durante el reinado de Ciro el persa.*»

En la versión griega del Antiguo Testamento, conocida como la septuaginta, se concluye este capítulo 6, mencionándose la muerte de Darío y enfatizándose la toma del gobierno por su sobrino Ciro. La palabra «prosperó» significa que Dios estuvo de parte de Daniel. Un autor señala que el verbo prosperar que aquí se emplea es el mismo que se utiliza en Daniel 3:30 y que se traduce «engrandeció».[4] O sea, Daniel llegó a ser más estimado que antes.

Aplicación profética

Con este capítulo 6 se cierra la parte histórica del libro de Daniel, donde se han presentado eventos históricos que se relacionan con la vida personal y social del profeta. De estos seis capítulos ya tratados, el único que es profético-escatológico es el capítulo 2. Las aplicaciones proféticas que podemos formular en este capítulo 6 son limitadas.

1. El edicto para que el rey Darío ocupara el lugar de Dios por treinta días revela una autodeificación sobre su persona. El humanismo siempre ha tratado de poner al hombre en el lugar que le corresponde a Dios. El ateo se propone siempre negar la existencia de Dios y atacar toda religión que defienda su existencia. El moralista se complace únicamente con ser bueno y no hacer daño a nadie. Las tales personas hacen de sus obras su dios. Para los materialistas su dios está en lo que poseen, lo que logran y lo que son.

El hombre siempre ha querido sustituir a Dios, negar a Dios o desalojar a Dios. El anticristo escatológico también querrá la autodeificación, demandará la adoración, pretenderá ser Dios:

> «*El cual se opone y se levanta contra todo lo que se llama Dios o es objeto de culto; tanto que se sienta en el templo de Dios como Dios, haciéndose pasar por Dios*» (2.ª Tesalonicenses 2:4).
>
> «*Y ejerce toda la autoridad de la primera bestia en presencia de ella, y hace que la tierra y los moradores de ella adoren a la primera bestia, cuya herida mortal fue sanada*» (Apocalipsis 13:12).

2. En el rey Darío encontramos un tipo del anticristo, pero vemos también un tipo de Dios. Leemos: «... y resolvió librar a Daniel, y hasta la puesta del sol trabajó para librarle» (Daniel 6:14). La finalidad de los juicios apocalípticos demuestran el deseo que Dios tendrá por librar a la humanidad de la condenación eterna. Hasta la «puesta del sol» milenial Dios no cesará en su empeño y trabajo de redimir a la raza humana.

3. Daniel fue preservado en el foso de los leones «porque había confiado en su Dios» (Daniel 6:23). Es un tipo del remanente que en los días finales, por su confianza en Dios, ha de ser preservado milagrosamente. Nos referimos a los 14.000 judíos sellados y convertidos (Apocalipsis 7:4-8, 14:1-5 cf. 12:13-16). El foso de los leones es figura de la gran tribulación.

4. Los enemigos de Daniel fueron castigados. Los acusadores se convirtieron en acusados. La retribución los alcanzó. Los enemigos del pueblo de Dios (judíos convertidos y gentiles que se convertirán) recibirán retribución divina por el mal que hagan a los hijos de Dios. Estos enemigos serán el anticristo, el falso profeta, los diez reyes y las naciones cabritos (Apocalipsis 17:12-14, 19:19-21; Mateo 25:31-46).

Notas bibliográficas

1. B. H. Carrol, *Daniel y el período intertestamentario*, pp. 76-77.

2. José Grau, *Las profecías de Daniel*, p. 100.

3. Elvis L. Carballosa, *Daniel y el Reino Mesiánico*, p. 142.

4. Ibid., p. 145.

7

Las visiones de Daniel

Con este capítulo 7 comienza la segunda parte del libro de Daniel, que tiene que ver con las visiones dadas al profeta. Lo revelado en este capítulo es una ampliación del capítulo 2. Ambos capítulos enfatizan las mismas cosas, aunque desde puntos diferentes. El contenido del uno y del otro es paralelo. Detalles que son omitidos en el sueño a Nabucodonosor, son añadidos en el sueño a Daniel.

En el capítulo 2 la historia de las naciones gentiles o la sucesión de imperios cuyo gobierno afectaría directamente a la nación judía se revela desde el punto de vista humano. En este capítulo 7 la misma historia es revelada tal como Dios ve a las naciones gentiles. Allá se hablaba de metales de mucho valor y poco valor, de mucho brillo y poco brillo, de gran dureza y de poca dureza. Aquí se nos presentan bestias querúbicas, grandes y terribles.

El capítulo 2 enfatizaba la riqueza, gloria y majestad de las naciones gentiles. Por su parte, el capítulo 7 señala el carácter animal, sanguinario, devorador y dominante de dichas naciones. Son dos cuadros diferentes de las mismas naciones.

La visión del gran mar (versículos 1-3)

> Versículos 1-3: «*En el primer año de Belsasar, rey de Babilonia, tuvo Daniel un sueño y visiones de su cabeza mientras estaba en su lecho; luego escribió el sueño y relató lo principal del asunto. Daniel dijo: Miraba yo en visión de noche, y he aquí que los cuatro vientos del cielo combatían en el gran mar. Y cuatro bestias grandes, diferentes la una de la otra, subían del mar.*»[1]

La fecha de este sueño tenido por el profeta fue en el año 553, el primer año del reinado de Belsasar como corregente con su padre, Nabonido. Daniel tenía unos setenta y tres años de edad. Esta serie de visiones, el anciano judío las recibió en su cama mientras dormía. Hay visiones que el creyente puede recibir despierto y otras las recibe dormido. Unas de manera extática, estando la persona despierta (Daniel 8:1-2, 9:21, 10:7-8) y otras a través del sueño (Daniel 2:28, 4:5). No todos los detalles, en una visión, necesitan ser interpretados. Esto es claro a la luz de las visiones en los libros de Daniel y del Apocalipsis.

La expresión «el gran mar», según muchos comentaristas, se refiere al mar Mediterráneo, que era el centro de las naciones de Babilonia, Media, Persia, Grecia y Roma. Era por ese mar que los ejércitos de estas naciones se movían muchas veces en sus embarcaciones, aunque la gran mayoría de las ocasiones hacían sus incursiones por tierra.

En un sentido figurado, como dice Scofield, «representa el populacho, las masas humanas no organizadas» (Mateo 13:47; Apocalipsis 13:1).[1] El mar, a la luz del Apocalipsis 17:15, significa: «... Las aguas que has visto donde la ramera se sienta son pueblos, muchedumbres, naciones y lenguas». El mar visto por Daniel señalaba la agitación que se desarrollaría entre las grandes potencias en los días de aquél y en el futuro.

La figura de «los cuatro vientos» combatiendo en el mar denota conflictos militares, invasiones imperiales, toma de naciones y sucesión de otras. «La metáfora de la visión sugiere la lucha del Dios soberano y omnipotente», nos dice Carballosa, «con las naciones gentiles que se encuentran en un estado de conmoción, agitación y confusión».[3]

Las cuatro bestias no hacen su aparición a la misma vez; la una sigue en sucesión a la otra. Entre ellas no existe parecido ninguno. Son diferentes en su constitución y en su apariencia. De esa agitación turbulenta del mundo de aquel entonces Daniel las ve ascender del mar. No son bestias marítimas, sino terrenales, pero el «mar» les da el nacimiento.

La visión de cuatro imperios (versículos 4-7)

Versículo 4: «*La primera visión era como león y tenía alas de águila. Yo estaba mirando hasta que sus alas fueron arrancadas y fue levantada del suelo y se puso enhiesta sobre los pies a manera de hombre y le fue dado corazón de hombre.*»

En Irak, la antigua Babilonia, los arqueólogos han descubierto figuras y grabados de leones alados con cara de hombre. El león se emplea en las Escrituras del Antiguo Testamento para referirse a Babilonia (Jeremías 4:7); las alas son también símbolo de esta nación (Jeremías 4:13; Lamentaciones 4:19; Ezequiel 17:3, 7).

Las alas denotan el progreso que la nación caldea alcanzó bajo el gobierno de Nabucodonosor. Este rey elevó a Babilonia como la primera gran potencia de sus días. El texto señala «que sus alas fueron arrancadas». Esto puede referirse a que bajo el gobierno de Evil-Merodac, el espíritu conquistador y de expansión territorial que caracterizaba a Babilonia se paralizó. Una segunda opinión sale a favor de las naciones de Media, Persia y Lidia, que lograron independizarse de Babilonia y constituirse en reinos separados.[3] En tercer lugar, podemos afirmar que esto se refiere a la derrota de este imperio frente a los invasores Ciro y Darío, dirigiendo sus ejércitos de Media y de Persia.

Esa bestia parada sobre sus dos pies y recibiendo un corazón de hombre representa la sanidad mental que experimentó Nabucodonosor después de haber estado loco por siete años. En Daniel 4:16 se nos dice: «Su corazón de hombre sea cambiado y le sea dado corazón de bestia y pasen sobre él siete tiempos.» Por su parte Daniel 7:4 lee: «y le fue dado corazón de hombre».

Entre los animales el león recibe el título de rey y el águila se considera la reina de las aves. En Daniel 2:37 el profeta le dice a Nabucodonosor: «Tú, oh, rey, eres rey de reyes...» De la Babilonia escatológica leemos: «...Yo estoy sentada como reina, y no soy viuda y no veré llanto» (Apocalipsis 18:7 cf. Isaías 47:7-8).

> Versículo 5: «*Y he aquí otra segunda bestia semejante a un oso, la cual se alzaba de un costado más que del otro y tenía en su boca tres costillas entre los dientes, y le fue dicho así: Levántate, devora mucha carne.*»

Este oso, levantado más de un costado que del otro, representa al imperio dual de los medos-persas. El lado más levantado señala a Persia con su rey, Ciro. La fuerza de este animal es superior a la del león. Es lento en sus movimientos y sin agilidad en sus ataques, pero

120

sanguinario con sus garras y aplastador con su peso.

El imperio de los medos-persas se distinguía por el tamaño colosal de sus ejércitos. Las conquistas de este imperio no se debían a sus tácticas militares, sino a los millares de soldados que empleaban en sus combates. Un comentarista opina que en Media abundaban las especies de osos.[4] Esta figura del oso nos recuerda que son llamados «destruidores» (Jeremías 51:48).

Las tres costillas en su boca simbolizan a tres naciones que los medos-persas sometieron: Egipto, Lidia y Babilonia. Carrol, en vez de Lidia, menciona a Asiria.[5] Scofield las describe como: «Media, Persia y Babilonia.» Según él estas tres naciones formaron el triple dominio del oso.[6]

Ironside declara: «... las tres costillas pudieran representar las tres ciudades principales del Imperio caldeo (Babilonia, Ecbatana y Borsipa), todas las cuales fueron tomadas por los ejércitos unidos de Ciro y Cyaxares».[7]

La expresión «devora mucha carne» indica las victorias medo-persas sobre Egipto, Lidia y Babilonia, simbólicamente a estas naciones en costillas para alimentarse. De ellas tomó esclavos, las sometió a severos impuestos y se apoderó de sus riquezas.

> Versículos 6: *«Después de esto miré, y he aquí otra semejante a un leopardo, con cuatro alas de ave en su espalda; tenía también esta bestia cuatro cabezas y le fue dado dominio.»*

Como mencionamos en el capítulo 2, el imperio que siguió en sucesión a los medos-persas fue Grecia. A diferencia del león alado, este leopardo presenta cuatro alas y no dos. Históricamente, esto fue cierto de las conquistas de Alejandro Magno; en doce años con-

121

quistó y sometió más naciones que lo que Nabucodonosor logró en cuarenta y tres años de reinado.

En la revisión reina valera de 1909, en vez de leopardo, se explica «tigre». La palabra aramea que se emplea en el original es «nemar» Los traductores modernos consideran que leopardo es la mejor traducción del término.

En Jeremías 13:23 leemos: «¿Mudará el etíope su piel y el leopardo sus manchas...? La versión Dios habla hoy explica: «¿Puede un negro cambiar de color? ¿Puede un leopardo quitar sus manchas?...» Sobre estas manchas un comentarista opina: «Las "manchas" representan las distintas naciones incorporales en su imperio, o las mismas variaciones en el carácter de Alejandro, una vez manso, luego cruel, ora moderado, ora borracho y disoluto.» [8]

Este leopardo tenía «cuatro cabezas». Las mismas señalan la división del imperio gobernado por Alejandro veintidós años después de su muerte. Él murió en el año 323 a. C. Los descendientes de Alejandro no pudieron mantener el orden y la unidad política del imperio. Finalmente cinco de sus generales se disputaron el gobierno del mismo. Cuatro de ellos se aliaron contra Antígono. En la batalla de Ipso este general fue muerto por sus adversarios. Era el año 301 a. C.

Los otros cuatro generales se repartieron entre sí todo el imperio: Lisimaco tomó a Tracia y Asia Menor; Seleuco gobernó sobre Siria y la región del Este; Ptolomeo Soter se encargó de Egipto, Libia, Arabia y el Sur de Palestina; Casandro tomó la dirección de Macedonia y Grecia.

En el libro apócrifo de 1.ª Macabeos se nos hace una mención de la división del imperio de Alejandro:

«Pero al fin cayó enfermo, y presintiendo que iba a morir llamó a sus generales más ilustres, que

se habían educado con él desde jóvenes, y antes de morir les repartió su reino. Después de un reinado de doce años Alejandro murió. Entonces sus generales tomaron el poder, cada uno en su propia región, y tras la muerte de Alejandro fueron coronados como reyes, lo mismo que sus descendientes después de ellos, durante muchos años, y así llenaron de calamidades la tierra.» [9]

Por último leemos de este leopardo alado: «y le fue dado dominio». Esto es una alusión a la providencia de Dios. En Daniel 2:39 se dice del vientre y los muslos de bronce, que también representan al Imperio greco-macedonio: «y luego un tercer reino de bronce, el cual dominará sobre toda la tierra». En ambos pasajes se menciona su dominio. Cuando en la batalla de Arbela Alejandro derrotó a Darío, lo hizo con un ejército de treinta mil soldados que combatieron contra seiscientos mil soldados.

Versículos 7: *«Después de esto miraba yo en las visiones de la noche y he aquí, la cuarta bestia, espantosa y terrible y en gran manera fuerte, la cual tenía unos dientes grandes de hierro; y devoraba y desmenuzaba, y las sobras hollaba con sus pies, y era muy diferente de todas las bestias que vi antes de ella y tenía diez cuernos.»*

Daniel describe a esta bestia con estos adjetivos: espantosa, terrible y fuerte. Le ve «unos dientes grandes de hierro». El cual metal, en la estatua del capítulo 2, era de hierro. En ambos casos las imágenes se refieren a Roma, imperio que sucedió a los griegos. Los diez cuernos de esta bestia son paralelos a los diez dedos de la estatua, es decir, diez reyes sobre diez naciones.

Algunos comentaristas que no están de acuerdo en que la tercera bestia sea Grecia concluyen que este imperio se refiere a la cuarta bestia: «La segunda puede representar a los medos. La tercera puede representar a los persas. La cuarta bestia se presenta con mucho dramatismo. Puede representar a Grecia. Los diez cuernos representan sus reyes.» [10]

Otros comentaristas creen que los diez cuernos, al igual que los diez dedos, señalan la división del Imperio romano ocurrida según ellos entre los años 351 al 476 d. C. A opinión de ellos esos diez reinos pueden ser: los ostrogodos, los herulos, los anglo-sajones, los vándalos, los visigodos, los lombardos, los burgundios, los francos, los suevos y los hunos.[11]

En cuanto a la opinión de que los diez cuernos sean reyes de Grecia o diez reyes seleucidas tenemos que afirmar que la dinastía de los seleucidas incluyó a más de diez reyes. En total podemos decir que fueron veinte. Por motivo de espacio omitimos los nombres de los mismos. [12]

La segunda objeción a la cual respondo es que en la historia pasada de Roma no se ha verificado conclusivamente la división de dicho imperio en diez naciones. Las tribus bárbaras que contribuyeron a la decadencia de dicho imperio no se pueden considerar como divisiones geográficas del mismo.

Ese reino de los diez reyes o naciones es todavía futuro. Será en los días de ellos cuando el reino de Dios se ha de imponer (Daniel 2:44). La misma profecía declara: «... una piedra fue cortada, no con mano, e hirió a la imagen en sus pies de hierro» (Daniel 2:34). En Apocalipsis 17:12 se nos dice:

> «*Los diez cuernos que has visto son diez reyes que aún no han recibido reino, pero por una hora recibirán autoridad como reyes juntamente con la bestia.*»

La visión del cuerno pequeño (versículo 8)

Versículo 8: *«Mientras yo contemplaba los cuernos, he aquí que otro cuerno pequeño salía entre ellos, y delante de él fueron arrancados tres cuernos de los primeros, y he aquí que este cuerno tenía ojos como de hombre y una boca que hablaba grandes cosas.»*

Los que ven en la cuarta bestia a Grecia y en los cuernos a los reyes seleucidas identifican a este cuerno onceavo con Antíoco Epífanez. Este rey seleucida que gobernó durante los años 175-164 a. C. fue el octavo rey de esa dinastía, y no el onceavo.[14] No hay nada en la historia de Antíoco Epífanez, conocido también como Antíoco IV, que lo presente derrotando a tres reyes de una confederación de diez.

Otros que ven en el cuerno pequeño al papado sostienen que los tres cuernos derribados son: «El ex arcado de Ravena, el reino de Lombardía y el estado de Roma, que constituían al principio los dominios del papa, conseguidos por los papas Zacarías y Esteban II a cambio de reconocer al usurpador Pepín como rey legítimo de Francia.»[14]

Urias Smith, al particular, creyendo en la división del Imperio romano entre las tribus bárbaras y viendo al papado como el cuerno pequeño opina: «Afirmamos positivamente que las tres potencias o cuernos arrancados fueron los herulos, los vándalos y los ostrogodos, y esta creencia se basa en datos históricos fidedignos.»[15]

Este cuerno pequeño presenta algunas consideraciones, las cuales nos ayudarán en su interpretación: Primero, «salía entre ellos». Es decir, se levanta de en medio de esa confederación de diez reyes o naciones. Es un rey que logra el reconocimiento y poderío entre

125

diez estados ya establecidos. En Apocalipsis 17:13 se nos dice: «Éstos tienen un mismo propósito y entregarán su poder y su autoridad a la bestia.» Segundo, «tenía ojos como de hombre». Aquí se nos indica que este cuerno no es una institución religiosa o una organización política, es un hombre que reinará sobre diez naciones como líder principal. Tercero, «y una boca que hablaba grandes cosas». En Apocalipsis 13:5 se nos dice del anticristo: «También se le dio boca que hablaba grandes cosas y blasfemias...»

En conclusión, este cuerno pequeño es todavía un personaje del futuro. Es el hombre de pecado, el inicuo y el hijo de perdición del cual Pablo habló (2.ª Tesalonicenses 2:3, 8). Es la bestia de siete cabezas, con cuerpo de leopardo, patas de oso, boca de león, que tiene diez cuernos (Apocalipsis 13:1-10). Es el príncipe que ha de venir (Daniel 9:26-27).

La visión del anciano (versículos 9-12)

Los versículos 9 al 10 presentan una escena de juicio. Esto se hace notorio por la alusión a «fueron puestos tronos», «se sentó un anciano de días», «su trono llama de fuego», «un río de fuego procedía y salía delante de él», «le servían», «asistían delante de él», «el juez se sentó», «los libros fueron abiertos».

Este anciano de días es el padre de nuestro Señor Jesucristo. La primera persona la misteriosa trinidad. Su vestido «blanco» simboliza su santidad. El pelo como «lana limpia» habla de su eternidad. El «fuego» señala su justicia. Los que «le servían y asistían» son los ángeles. Los «libros» que se abrieron señalan al juicio del gran trono blanco (Apocalipsis 20:11-15).

Versículo 11: «*Yo entonces miraba a causa del sonido de las grandes palabras que hablaba el cuerno; miraba hasta que mataron a la bestia y su cuerpo fue destrozado y entregado para ser quemado en el fuego.*»

En este versículo a Daniel se le revela el juicio que ha de venir sobre la cuarta bestia, que tenía un cuerno que hablaba. Como ya hemos explicado, este cuerno es el anticristo. Tanto éste como el imperio que se simboliza en esa bestia han de ser juzgados en la revelación del Señor Jesucristo (Apocalipsis 19:19-21; 2.ª Tesalonicenses 2:8).

Versículo 12: «*Habían también quitado a las otras bestias su dominio, pero les había sido prolongada la vida hasta cierto tiempo.*»

La versión Dios habla hoy aclara el sentido de este versículo: «También a los otros monstruos se les quitó el poder, pero los dejaron seguir viviendo hasta que les llegara su hora.»

Aunque estas bestias (el león alado, el oso y el leopardo alado) se sucedieron las unas a las otras, continuaron viviendo aun con la presencia de la cuarta. Aunque vivas, no tenían dominio o poder. Esto se ha comprobado aun en nuestros días; dichas bestias siguen viviendo sin dominio. La antigua Babilonia es la moderna Irak. Los antiguos medos-persas son la moderna Irán. la nación griega, aunque geográficamente pequeña, en comparación a la gloria de sus días subsiste en la actualidad.

La cuarta bestia, Roma, se echa de ver en las naciones de la Europa actual. La grandeza de este imperio pertenece a las páginas de la historia y a las plumas de los poetas. En la persona del anticristo, el Imperio romano será restaurado, la bestia tendrá diez cuernos y un cuerno se levantará entre ellos. Así como en la estatua los demás metales se mantenían, hasta que la misma fue herida en los pies de barro cocido y de hierro, las bestias sobrevivirán hasta que sea matada y destrozada la bestia con dientes de hierro.

La visión del hijo de hombre (versículos 13-14)

Versículo 13: «*Miraba yo en la visión de la noche y he aquí con las nubes del cielo venía uno como un hijo de hombre que vino hasta el anciano de días y le hicieron acercarse delante de él.*»

Este versículo presenta un paralelismo con Apocalipsis 5:6-7. En ambos pasajes se señalan dos personajes: uno que está sentado en el trono y el otro que se le acerca: «Y miré y vi en medio del trono y de los cuatro seres vivientes y en medio de los ancianos; estaba en pie un Cordero como inmolado que tenía siete cuernos y siete ojos, los cuales son los siete espíritus de Dios enviados por toda la tierra. Y vino y tomó el libro de la mano derecha del que estaba sentado en el trono.»

La imagen que Daniel presenta es mesiánica en su contenido y aplicación. En ambos pasajes se describe al Mesías, el Señor Jesucristo, en la ceremonia de investidura como rey soberano y eterno.

La expresión «hijo de hombre» es un título mesiánico que se aplica en el Nuevo Testamento a Jesucristo (Mateo 8:20, 9:6, 10:23, 11:19; Lucas 10:10, 22:48, 18:31). Dicho título se presenta asociado con la segunda fase de la segunda venida de Cristo, es decir, la revelación (Mateo 24:7, 37, 44, 25:31; Marcos 8:38; Lucas 18:8).

Cuando el Señor fue interrogado ante el sanedrín para ver si admitía ser el Mesías respondió: «Pero desde ahora el Hijo del Hombre se sentará a la diestra del poder de Dios. Dijeron todos: Luego eres tú el Hijo de Dios. Y Él les dijo: Vosotros decís que lo soy. Entonces dijeron: ¿Qué más testimonio necesitamos?, porque nosotros mismos lo hemos oído de su boca» (Lucas 22:69-71).

Versículo 14: «*Y le fue dado dominio, gloria y reino para que todos los pueblos, naciones y lenguas le sirvieran; su dominio es dominio eterno, que nunca pasará y su reino uno que no será destruido.*»

Este versículo corresponde a lo dicho en Daniel 2:44: «Y en los días de estos reyes el Dios del cielo levantará un reino que no será jamás destruido, ni será el reino dejado a otro pueblo; desmenuzará y consumirá a todos estos reinos, pero él permanecerá para siempre.»

Antes del Señor ascender al cielo le dio la gran comisión a sus discípulos; su introducción fue:

«... *Toda potestad me es dada en el cielo y en la tierra*» (Mateo 28:18).

El Padre le ha dado al Hijo la potestad de reinar en el cielo y en la tierra. El día llegará cuando su función de rey sobre las naciones de esta tierra han de ser una realidad. Según el escritor Elvis L. Carballosa, las tres palabras «dominio, gloria y reino» pueden entenderse como una referencia a la autoridad que ejercerá el Mesías, el honor que a Él le corresponde por lo que es y

129

la organización que será manifiesta en su gobierno.[16]

El reinado de Cristo es la antítesis de los reinados ejercidos por las cuatro bestias: Primero, los de éstas fueron temporales, el de Cristo es «eterno». Segundo, los reinados de estas bestias fueron sucesivos, el del Mesías «nunca pasará». Tercero, cada vez que una de las cuatro bestias sucesoras aparecía en escena destruía el reinado de la predecesora, el reino del Señor «no será destruido».

Las visiones explicadas (versículos 15-27)

A causa de lo visto Daniel experimentó turbación y asombro (verso 15). Mientras el profeta recibía estas visiones había ángeles ayudando a uno de ellos; él le pide la explicación de las visiones (verso 16). En el verso 17 el ángel le explica: «Estas cuatro grandes bestias son cuatro reyes que se levantarán en la tierra.» Aunque Daniel vio a las bestias subir del mar, es realmente de la tierra donde se levantaron. El ángel le señala a Daniel que el reino eterno, los santos lo recibirán después que el gobierno de estas bestias terminen de reinar.

En el versículo 19 Daniel muestra un interés especial sobre la cuarta bestia. Aquí le añade otro detalle: «que tenía... unas de bronce». El bronce, en la estatua, ocupaba el tercer lugar, simbolizando a Grecia. Es significativo que la cultura griega absolvió al Imperio romano. Por eso en la bestia se combina el hierro con el bronce.

En el versículo 20 el profeta también se interesa por los diez cuernos y el cuerno onceavo. Otro detalle mencionado es: «y parecía más grande que sus compañeros». Esto representa la grandeza, el poder político,

la fuerza militar y la aceptación religiosa del a[...]
to (Apocalipsis 13:4-8).

> Versículos 21-22: *«Y veía yo que este cuerno hacía guerra contra los santos y los vencía, hasta que vino el anciano de días y se dio el juicio a los santos del Altísimo, y llegó el tiempo y los santos recibieron el reino.»*

Este detalle más que se da al cuerno es que será un perseguidor de los santos. Él desatará una campaña de terror y de restricción religiosa contra la fe que profesan. En Apocalipsis 13:7 leemos: «Y se le permitió hacer guerra contra los santos y vencerlos...» Los santos que aquí se mencionan no son los de la Iglesia; antes de la tribulación serán tomados al cielo. Estos santos son los convertidos de la semana setenta de Daniel (Apocalipsis 6:9-11, 7:4-8, 9-17, 15:2, 20:4).

El tiempo del reino que aquí se menciona es después de la gran tribulación. Este reino comenzará con le milenio y se extenderá para siempre. Será eterno. Es la manifestación final del reino de los cielos y del reino de Dios. Para Dios hay un solo reino. Sobre ese reino presidirá su Hijo y participarán los santos.

El versículo 24 explica que los diez cuernos son diez reyes y que el onceavo cuerno es otro rey que a tres reyes derribará o derrotará. Se nos dice: «Será diferente de los primero.» La política del anticristo no hallará comparación con los reyes que se aliaran.

> Versículo 25: *«Y hablará palabras contra el Altísimo, y a los santos del Altísimo quebrantará, y pensará en cambiar los tiempos y la ley, y serán entregados en su mano hasta tiempo y tiempos y medio tiempo.»*

Este cuerno pequeño, el anticristo, será suelto de lengua para blasfemar contra todo lo sagrado y divino. En Apocalipsis 13:6 leemos: «Y abrió su boca en blasfemias contra Dios para blasfemar de su nombre, de su tabernáculo y de los que moran en el cielo.»

La religión que proclamará el anticristo será ateísta, antiteísta y autoteísta. Él negará a Dios, estará contra Dios y pretenderá ser Dios:

> *«El cual se opone y se levanta contra todo lo que se llama Dios o es objeto de culto, tanto que se sienta en el templo de Dios como Dios haciéndose pasar por Dios»* (2.ª Tesalonicenses 2:4).

La expresión «tiempo y tiempos y medio tiempo» debe entenderse como años. Un tiempo es un año, tiempo es dos año, y medio tiempo la mitad de un año. Es decir, tres años y medio. El tiempo de la persecución del anticristo y su oposición a los santos del Altísimo se describe como «mil doscientos sesenta días» (Apocalipsis 12:6); «cuarenta y dos meses» (Apocalipsis 13:5); «un tiempo y tiempos y la mitad de un tiempo» (Apocalipsis 12:14).

En los versículos 26 al 27 se vuelve a enfatizar el juicio que vendrá sobre el cuerno pequeño: «Pero se sentará el juez y le quitarán su dominio para que sea destruido y arruinado hasta el fin.» Esto se realizará al final de la gran tribulación, en la revelación de Cristo, cuando el anticristo y su consorte serán arrojados al lago de fuego y azufre (Apocalipsis 19:20). Luego se inaugurará el reino mesiánico sobre la tierra. Se cumplirá lo dicho en Daniel 2:35: «... Mas la piedra que hirió a la imagen fue hecha un gran monte que llenó toda la tierra».

Las visiones afectaron a Daniel (versículo 28)

Versículo 28: «*Aquí fue el fin de sus palabras. En cuanto a mí, Daniel, mis pensamientos se turbaron y mi rostro se demudó, pero guardé el asunto en mi corazón.*»

Este versículo 28 tiene un paralelo en Daniel 2:15. Las visiones e interpretaciones impresionaron y preocuparon al profeta. En su rostro se podía ver lo que interiormente sentía.

La declaración «pero guardé el asunto en mi corazón» está más clara en otras versiones: «pero no dije nada a nadie sobre este asunto» (Dios habla hoy); «pero me lo guardé todo dentro» (nueva Biblia española).

Es posible que Daniel hubiera decidido no comentar a nadie sobre experiencia espiritual. Luego cambió de idea y decidió escribir la misma para beneficio de otros. Lo que guardó lo sacó para que otros pudieran ver lo que él ya había visto.

Notas bibliográficas

1. Biblia anotada de Scofield, *Comentario a Daniel 7:2*.
2. Elvis L. Carballosa, *Daniel y el Reino Mesiánico*, p. 150.
3. Adam Clarke, *Comentario de la Santa Biblia*, II, p. 326.
4. Ibid., p. 326.
5. H. B. Carroll, *Daniel y el período intertestamentario*, p. 98.

6. Scofield, ob. cit., *Comentario a Daniel 7:5.*

7. H. A. Ironside, *Daniel*, p. 87.

8. *Comentario exegético y explicativo de la Biblia*, I, p. 834.

9. Versión Dios habla hoy, 1.ª de Macabeos 1:5-9.

10. La Biblia de estudio mundo hispano, *Comentario a Daniel 7:5-7.*

11. Urias Smith, *Las profecías de Daniel*, pp. 42 y 84.

12. Haag, V. D. Born, S. de Ausejo, *Diccionario de la Biblia*, pp. 1814-15.

13. Ibid., p. 1814.

14. *Comentario exegético y explicativo de la Biblia*, I, p. 835.

15. Urias Smith, ob. cit., p. 95.

16. Elvis L. Carballosa, ob. cit., p. 162.

8

El carnero «versus» el macho cabrío

Con el comienzo de este capítulo 8 se da por terminado el largo paréntesis en arameo que había comenzado en Daniel 2:4 hasta 7:28. Es llamativo que los capítulos 1 y 8 al 12 tratan de temas que se relacionan directamente con el pueblo judío. Los capítulos 2 al 7 presentaban historia y profecía para las naciones gentiles, como los capítulos 2 y 7. En los capítulos 3 y 6 se nos presentó la experiencia y la victoria del remanente contra las influencias paganas. El capítulo 4 es un testimonio directo de Nabucodonosor, donde se narró la insanidad mental que por juicio de parte de Dios lo alcanzó. En el capítulo 5 vemos la última fiesta, la última noche y el último monarca de Babilonia.

Este capítulo 8 tratará particularmente del segundo y del tercer imperio que habrían de suceder a Babilonia. En Daniel 2 el Imperio medo-persa se figuró en el pecho y los brazos de plata. Luego, en el capítulo 7, el mismo imperio se simbolizó por un oso. En este capítulo 8 lo veremos como un carnero con dos cuernos. En la estatua, el metal de bronce que correspondía al vientre y a los muslos figuraba al Imperio greco-macedonio o Grecia. Ahora, en el capítulo 7 se trans-

135

forma en el leopardo con cuatro alas y cuatro cabezas. En el presente capítulo 8 es un macho cabrío el que simboliza al mencionado imperio.

Esta manera triforme de visiones presentan detalles y añaden significados que de otra manera hubieran sido ignorados. Cada visión añade nuevas descripciones y, a su vez, hace claro muchos de los conceptos oscuros que fueron presentados en las otras imágenes. Otras veces cada visión sucesiva apoya la anterior aludiendo casi a lo mismo. Además, esta trilogía es un argumento en favor de la hermenéutica bíblica, donde la regla principal de interpretación afirma: «La Biblia es su propio intérprete.»

La profecía bíblica es historia narrada en avance. Eso precisamente lo comprobaremos en este capítulo 8. Lo que Daniel vio y escribió como profecía del futuro es ya historia que se cumplió unos 220 años después de la visión.

La ocasión y lugar de las visiones (versículos 1-2)

Versículos 1-2: «*En el año tercero del reinado del rey Belsasar me apareció una visión a mí, Daniel, después de aquella que me había aparecido antes. Vi en visión, y cuando la vi yo estaba en Susa, que es la capital del reino en la provincia de Elam; vi, pues, en visión, estando junto al río Ulai.*»

El año tercero de Belsasar debe corresponder al 551 a. C. Se supone que este nieto de Nabucodonosor reinó en compañía de su padre, Nabonido, por espacio de catorce años, comenzando su reinado en el año 553 a. C. Algunos comentaristas señalan que el año primero de Belsasar es el 541 a. C. Esto llevaría a la conclusión que el año tercero tendría que ser el 539 a. C. El mismo año de la toma de Babilonia por los medos-persas. Ambas posiciones tienen bastante peso; hasta la fecha ningún documento o inscripción arqueológica ha sido descubierta para saber con exactitud cuando comenzó Belsasar a reinar como corregente o virrey. El tercer año puede referirse al comienzo de su reinado de catorce años o a tres años que fue llamado a ocupar el segundo lugar bajo su padre, Nabonido.

Es bastante difícil determinar por el texto si en la visión Daniel fue a Susa o si físicamente estaba en alguna misión especial en lo que después llegó a ser la capital del Imperio persa. Algunas versiones de la Biblia parecen aceptar que en visión fue Daniel a Susa: «Durante la visión me parecía estar en la ciudadela de Susa, en la provincia de Elam, a orillas del río Ulai» (Dios habla hoy). «Miré durante la visión y me veía en Susa, la plaza fuerte que está en la provincia de Elam; en la visión miré y me encontraba en la puerta del Ulai» (Biblia de Jerusalén). «Contemplaba en visión que me encontraba en Susa, capital de la provincia de elam y contemplaba en visión que me encontraba junto al río Ulai» (nueva Biblia española). «Y estando en la visión me pareció hallarme en Susa, la capital, en la provincia de Elam, y estar, durante la visión, cerca el río Ulai» (Nacar-Colunga)

En cambio, la versión reina valera, la cual usamos en este comentario al libro de Daniel, después de «vi en visión», pone coma y punto y cierra después de «Elam» con coma y punto, como indicando que el profeta sí estaba literalmente en Susa.

En relación a la presencia de Daniel en Susa un comentarista ha opinado lo siguiente: «No se entiende que Daniel, en cuerpo, haya estado en Susán (o Susa, como es llamada generalmente). Puede significar que estuvo allí en visión; exactamente como Ezequiel él dice: "En una visión yo estuve en Jerusalén", aunque

137

nunca dejó el lugar de su cautiverio en Babilonia.»[1]

Los escritores clásicos se referían al Ulai con el nombre de Eulaeus. Se le conoce actualmente por Karun. Sus corrientes pasaban al norte y noroeste de Susa. Según Merrill F. Unger, era un canal artificial donde se encontraban dos ríos: el Kerhah y el Abdizful.[2] La referencia daniélica a este río es evidencia del conocimiento geográfico del profeta, asociándolo con la época del escrito.

La visión del carnero (versículos 3-4)

Versículos 3-4: «*Alcé los ojos y miré, y he aquí un carnero que estaba delante del río y tenía dos cuernos, y aunque los cuernos eran altos, uno era más alto que el otro, y el más alto creció después. Vi que el carnero hería con los cuernos al poniente, al Norte y al sur, y que ninguna bestia podía parar delante de él ni había quien escapase de su poder, y hacía conforme a su voluntad y se engrandecía.*»

Las visiones que a continuación verá Daniel, incluyendo ésta a explicarse, las ve despierto. Las visiones de las bestias en el capítulo 7, el profeta las tuvo en sueño (7:1). Daniel entra a un estado de éxtasis espiritual donde Dios le revela lo que su mente consciente jamás hubiera visualizado.

La figura del carnero era muy popular en la cultura y nación persa. El carnero completo o la cabeza aparecía en monedas, en los estandartes llevados por el ejército en sus marchas; en los pilares de la capital de Persia, Persépolis, se ve dicho grabado. Aun el rey de los persas, en lugar de corona o diadema, lucía sobre su cabeza una de carnero adornada con joyas de gran valor.

138

La palabra hebrea para carnero es «Ayil», siempre se refiere al macho de la oveja. Simboliza fuerza y bravura. Los cuernos de los carneros se usaban en el Antiguo Testamento para hacer trompetas (Josué 6:4) y para echarse aceite (1.ª Samuel 16:1).

El carnero visto por Daniel estaba parado en la orilla del río Ulai. Esto se refiere a la ubicación geográfica del Imperio de los persas. Los dos cuernos son las naciones de Media y Persia o los reyes Darío y Ciro, que unificaron sus fuerzas para luchar contra su común enemigo, Babilonia. La madre de Ciro era hermana de Darío. Este parentesco ayudó a la fusión de estas dos naciones.

Daniel dice que «los cuernos eran altos», ambas naciones eran poderosas en sus días. Otro detalle era que un cuerno «era más alto que el otro». Esto significa que los persas, aunque surgieron después que los medos, llegaron a ser mayores. Ese cuerno alto «creció después». Esto es alusivo a que, al principio, los medos parecían ser los dirigentes, pero luego la realidad fue que eran los persas. En Daniel leemos muchos sobre «los medos y los persas» (Daniel 5:28); «los reyes de Media y de Persia» (Daniel 8:20). En el libro de Ester el orden se invierte: «los más poderosos de Persia y de Media» (Ester 1:3); «de Persia y de Media» (Ester 1:18). Si Darío era quien estaba reinando se ponía primero a Media, si era Ciro se ponía a Persia. Históricamente Persia llegó a sumergir a Media.

Los dos cuernos, con uno más alto que el otro, están ilustrados con los dos brazos de plata; el izquierdo era Media y el derecho Persia. El oso era más alto de un lado, la preponderancia persa sobre los medos. Es interesante cómo la profecía no se contradice.

Las tres costillas en la boca del oso representaban a Egipto, Lidia y Babilonia. El carnero hería con sus cuernos en tres direcciones: al Oeste , a Poniente (Babilonia), al Norte (Lidia) y al Sur (Egipto). Al Este no tenía que herir, porque de ahí procedían los medos-persas. El poderío militar que llegó a caracterizar a los persas fue único en su época.

Al oso se le dijo: «Levántate y devora mucha carne» (Daniel 2:5). En la estatua del capítulo 2 la mayor defensa está en los brazos de plata, aunque las piernas son más resistentes. Sabemos que los brazos y el pecho eran Media y Persia. En el capítulo 8 esto se verifica con la declaración: «... y hacía conforme a su voluntad y se engrandecía».

La visión del macho cabrío (versículos 5-8)

Versículo 5: «Mientras yo consideraba esto, he aquí un macho cabrío venía del lado del poniente sobre la faz de toda la tierra sin tocar tierra, y aquel macho cabrío tenía un cuerno notable entre sus ojos.»

La figura del macho cabrío es apropiada para referirse al Imperio greco-macedonio o griego. Tanto en las monedas, sellos reales, emblemas, escudos y monumentos, la figura de un macho cabrío ha aparecido, cuerpo entero o parte de la cabeza. Estos descubrimientos arqueológicos se remontan a la época macedónica.[3]

Dos siglos antes de nacer Daniel a Macedonia se le conocía como el pueblo de las cabras o Egedas. El nombre antiguo de Macedonia era Egea. Alejandro el Grande tenía un hijo llamado Egeo (el hijo de la cabra). El animal favorito de los descendientes macedónicos era la cabra.[4]

La palabra hebrea que se traduce macho cabrío es «tsaphir». En el Antiguo Testamento es símbolo de imponencia, orgullo y liderazgo (Proverbios 30:31). El macho cabrío Daniel lo vio venir del Oeste, geográficamente Grecia estaba al oeste de Media y de Persia. Venía «sobre la faz de toda la tierra, sin tocar tierra». Las conquistas griegas, en la época de Alejandro el Grande, fueron de gran alcance geográfico y de rápidos avances militares.

El leopardo con cuatro alas, que era Grecia, podía volar rápidamente, ligeramente y progresivamente. Esto se afirma en la expresión «sin tocar tierra». Las victorias griegas bajo Alejandro el Grande son únicamente comparadas con las de Aníbal y las de Napoleón Bonaparte.

«Y aquel macho cabrío tenía un cuerno notable entre sus ojos.» Era unicornio. La palabra notable se explica en otras versiones: «magnífico» (Biblia de Jerusalén); «gran» cuerno (Dios habla hoy); «enorme» (la nueva Biblia latinoamericana). Esto nos recuerda que a Alejandro, el hijo de Felipe II de Macedonia, se le conocía con los adjetivos «Grande» o «Magno». En el apócrifo de 1.ª Macabeos 1:1-9 se hace referencia a Alejandro el Grande: «Alejandro de Macedonia, hijo de Filipo, partió de su país y derrotó a Darío, rey de los persas y los medos, y reinó en lugar de él; primeramente fue rey de Grecia...»

En un artículo aparecido en un diario americano el día 23 de noviembre de 1977 leí sobre un gran descubrimiento arqueológico. En el norte de Grecia fue descubierta una tumba con los restos de Filipo II de Macedonia. En una arca de oro sólido se encontraron cinco bustos en marfil del rey Filipo, de su esposa Olimpiada, su hijo Alejandro y los abuelos de Alejandro de parte de su padre. El sarcófago estaba rodeado por vasos esculpidos de plata, y se había hecho de mármol.

Alejandro III de Macedonia o Magno nació en el año 356 a. C. Era de una inteligencia avanzada y de

141

una composición física saludable y atlética. Su vida fue influenciada por un gran filósofo, Aristóteles, y por la continua lectura del libro «La Ilíada», de Homero.

A la muerte de su padre, en el año 356 a. C., los griegos que habían sido hechos súbditos por Filipo de Macedonia quisieron aprovechar la oportunidad para sacudirse del yugo extranjero. Alejandro el Grande, con veinte años de edad, pronto sometió a los insurrectos, destruyéndoles la ciudad de Tebas. En sus trece años de reinado fue un gran dirigente militar, político; respetaba la cultura y religión de otras naciones, pero diseminó el espíritu griego entre los pueblos conquistados. A esta influencia griega se la conoce como el helenismo.

En una ocasión, temiendo una conspiración contra su vida, movido por una ira y una venganza incontrolable, dio muerte a dos de sus más íntimos ayudantes, Parmenio y Cliton. Esta experiencia le afectó a tal extremos que intentó, aunque no lo logró, quitarse su propia vida. En 1.ª Macabeos 1:3 se describe el carácter de Alejandro como «lleno de orgullo y soberbia».

> Versículos 6-7: *«Y vino hasta el carnero de dos cuernos, que yo había visto en la ribera del río, y corrió contra él con la furia de su fuerza. Y lo vi que llegó junto al carnero y se levantó contra él y lo hirió y le quebró sus dos cuernos, y el carnero no tenía fuerzas para pararse delante de él; lo derribó, por tanto, en tierra, y lo pisoteó, y no hubo quien librase al carnero de su poder.»*

Alejandro el Grande venció a los persas en tres batallas muy significativas: en el Gránico, en el año 334 a. C., Alejandro se enfrentó a los generales de Darío III; esto sucedió en la región de Frigia. En otra gran batalla en Iso, en el año 333 a. C., derrotó a Darío. La final y decisiva batalla fue en la llanura de Arbela, Siria, en el año 331 a. C. Con un ejército de 30.000 hombres de infantería y con 5.000 que montaban a caballo, Alejandro se enfrentó a su enemigo, que tenía aproximadamente un ejército de un millón.

Darío fue capturado por sus propios generales cuando intentaba escapar. La familia fue tomada prisionera por Alejandro. A los restos de Darío le dio los máximos honores militares. A la emperatriz la respetó como tal. Luego se casó con una de las hijas del fallecido monarca y así se coronó rey de Persia.

Versículo 8: «*Y el macho cabrío se engrandeció sobremanera, pero estando en su mayor fuerza aquel gran cuerno fue quebrado y en su lugar salieron otros cuatro cuernos notables hacia los cuatro vientos del cielo.*»

En una inscripción de la época de Alejandro el Grande datada 330 a. C., se le da el título de «Señor de Asi». Las campanas militares de este joven se extendieron al Este, Asia Central, y en el verano del año 327 a. C., con un ejército de 120.000, según Plutarco, se dirigió a la conquista de la India. El cansancio que se apoderó de sus soldados lo hizo desistir de planes conquistadores que se había trazado.

Ya en el verano del año 324 a. C. estaba de regreso en Susa, la capital de Elam. En el verano del año 323 a. C. se encontraba en Babilonia. Allí celebró con sus oficiales un gran banquete, y como consecuencia de beber en exceso contrajo una fiebre (algunos opinan que era malaria), muriendo a la edad de treinta y tres años. Su reinado fue de doce años y ocho meses. La fecha de su fallecimiento es el 13 de junio del año 323 a. C. Su cadáver fue trasladado a la ciudad que fundó en

143

Egipto, llamada Alejandría. El funeral estuvo a cargo de su general, Ptolomeo.

La muerte de Alejandro tomó al imperio por sorpresa. Él nunca hizo planes de ningún sucesor. Daniel nos dice: «pero estando en su mayor fuerza aquel gran cuerno fue quebrado». Sus generales acordaron nombrar a su medio hermano Filipo Arideo y a su hijo Alejandro IV como los reyes del Imperio greco-macedonio. Éstos, sin embargo, no pudieron mantener la consolidación y unidad del imperio. A los seis años su hermano Filipo fue brutalmente asesinado (año 317 a. C). Alejandro IV corrió la misma suerte que su tío, siendo asesinado en el año 310-309 a. C.[5]

«Y en su lugar», nos dice Daniel, «salieron otros cuatro cuernos notables hacia los cuatro vientos del cielo». Los cuatro cuernos son representados en las cuatro cabezas del leopardo (Daniel 7:6). A la muerte de los descendientes de Alejandro, sus generales lucharon por el poder de gobernar al imperio. Por un lado estaba el Antígono, el anciano general, llamado «el tuerto», al otro lado había una coalición de los cuatro generales llamados Casandro, Lisimaco, Seleuco y Ptolomeo. en el año 301 a. C. Antígono fue muerto por sus adversarios en la batalla de Ipso, en Frigia. El imperio ahora estaba dividido entre ellos cuatro.[6] Las provincias de Tracia y el Asia Menor quedaron bajo Lisimaco; Siria y la región del Este le tocaron a Seleuco; Egipto, Libia, Arabia y el sur de Palestina estuvieron bajo la jurisdicción de Ptolomeo; finalmente, Macedonia y Grecia fueron de Casandro. La profecía, 252 años antes, había señalado esta división.

En el año 298 a. C. Casandro ya no tenía más descendientes al trono de Macedonia y Grecia. El general Lisimaco, trece años después, anexó este territorio al suyo. A partir del año 168 a. C. Macedonia se hizo muy independiente de Roma; el resultado fue que en el año

144

146 a. C. se hizo vasalla de ésta. ya para el año 64 a. C. Siria pasó a pertenecer a Roma. En el año 30 a. C. Egipto, el último cuerno del macho cabrío o la última cabeza del leopardo, fue devorada por la bestia terrible.

La visión del cuerno pequeño (versículos 9-14)

Versículo 9: «Y de uno de ellos salió un cuerno pequeño que creció mucho al Sur y al Oriente y hacia la tierra gloriosa.»

Este cuerno pequeño no es un quinto cuerno, sino que nació de otro cuerno. No se debe confundir con el cuerno pequeño de Daniel 7:8, 20-21, 24-26. Aquél se levanta de entre las diez naciones y se constituye en el líder de las mismas. No es un cuerno que nace de los diez cuernos, sino que sale de entre ellos, constituyéndose en el onceavo de esa bestia. La aparición de este onceavo cuerno es todavía futura. Ese cuerno onceavo simboliza únicamente a una persona, el anticristo, el futuro Fuhrer, el César del Imperio romano restaurado, la bestia del Apocalipsis 13.

Este cuerno pequeño de Daniel 8 que nace de uno de los cuatro cuernos, según la historia, es Antíoco Epífanez, octavo rey de la dinastía de los seleucidas. En esa dinastía hubieron trece reyes que llevaron dicho nombre. Antíoco IV Epífanez nació en el año 215 a. C. Fue el tercer hijo de Antíoco III el Grande. En el año 190-189 a. C. Antíoco III fue derrotado por los romanos, quienes le impusieron una cuantiosa deuda y tomaron como rehén a su hijo, Antíoco IV. En Roma, el joven Antíoco IV estuvo catorce años (189-175 a. C.). Allí asimiló la cultura romana. Su hermano, Seleuco IV, heredero al trono de su padre, lo intercambió por su hijo Demetrio, quien tendría el derecho al trono después de él. De esa manera Antíoco IV obtuvo su liberación. Luego, Seleuco fue asesinado por Heliodoro, quien trató de tomarle el trono. En el año 173 a. C. Antíoco IV canceló la deuda contraída por su padre, Antíoco III, con los romanos.

Daniel decía del cuerno pequeño «que creció mucho al Sur y al Oriente y hacia la tierra gloriosa». El «Sur» se refiere a Egipto, que estaba localizada al sur de Siria. En el año 169 a. C. Antíoco IV invadió y conquistó a Egipto. El rey Ptolomeo VI era su sobrino. La hermana de Antíoco Epífanez se había unido en matrimonio con Ptolomeo V. Los hermanos de Ptolomeo VI, Ptolomeo VIII y Cleopatra (se llamaba igual que su madre) se opusieron a la intervención de Antíoco Epífanez. Ellos, entonces, pidieron ayuda a Roma.

Un año después, 168 a. C., Antíoco IV Epífanez volvió a invadir a Egipto. Los romanos ya habían derrotado a Perseo, rey de Macedonia. Antíoco fue humillado por los romanos, quienes lo hicieron desistir de sus beneficios en la conquista de Egipto.

Pompilio, quien representaba a la embajada romana, habló a Antíoco IV Epífanez, pidiéndole que regresara adonde vino. Antíoco le pidió tiempo para pensarlo. El líder romano lo encerró en un círculo y le dijo: «Me contestarás sí o no antes de salir de este círculo.» El resuelto Antíoco aflojó la guardia; mirando a Pompilio, con voz airada le dijo: «Sí.»

Esta humillación lo hizo que enviara al general Apolonio contra Jerusalén. A esto se refiere Daniel cuando dice: «y hacia la tierra gloriosa». Esto ocurría en el año 167 a. C. Esta campaña de helenización por parte de Antíoco IV Epífanez fue resistida por los judíos hasideos, cuyo dirigente lo era Judas Macabeo.

Versículo 10: «*Y se engrandeció hasta el ejército del cielo, y parte del ejército y de las estrellas echó por tierra y las pisoteó.*»

Según Adam Clarke, «el ejército del cielo» se refiere a «la jerarquía judía» y «las estrellas» representan a «los sacerdotes y levitas».[7] Este lenguaje figurado se refiere al pueblo judío. La expresión «echó por tierra y las pisoteó» indica la terrible persecución que Antíoco IV Epífanez desarrolló contra el pueblo judío. En 2. Macabeos 5:11-14 leemos en este libro apócrifo: «Cuando el rey supo estas cosas llegó a la conclusión de que Judea quería rebelarse. Entonces, enfurecido como una fiera, se puso en marcha desde Egipto, tomó con su ejército Jerusalén y ordenó a sus soldados golpear sin compasión a los que encontraran y degollar a los que buscaran refugio en las casas. Fue una matanza de jóvenes y ancianos, una carnicería de mujeres y niños, y un degüello de muchachas y niños de pecho. En sólo tres días el total de víctimas fue de ochenta mil: cuarenta mil murieron asesinados y otros tantos fueron vendidos como esclavos» (Dios habla hoy).

Versículos 11-12: «*Aun se engrandeció contra el príncipe de los ejércitos, por él fue quitado el continuo sacrificio y el lugar de su santuario fue echado por tierra. Y a causa de la prevaricación le fue entregado el ejército junto con el continuo sacrificio y echó por tierra la verdad e hizo cuanto quiso y prosperó.*»

El «príncipe de los ejércitos» se refiere a Dios mismo. Antíoco Epífanez no sólo quitó el sacrificio que se presentaba en el templo judío todos los días, el templo lo profanó. El libro de 1.ª Macabeos 1:54-59 nos ofrece datos históricos al particular: «El día quince del mes de Quisleu del año ciento cuarenta y cuatro (año 167 a. C.) el rey cometió un horrible sacrilegio, pues cons-

147

truyó un altar pagano encima del altar de los holocaustos. Igualmente, se construyeron altares en las demás ciudades de Judea. En las puertas de las casas y
en las calles se ofrecía incienso. Destrozaron y quemaron los libros de la ley que encontraron y si a alguien
se le encontraba un libro del pacto de Dios o alguno
simpatizaba con la ley se le condenaba a muerte, según el decreto del rey... El día veinticinco de cada mes
se ofrecían sacrificios en el altar pagano que estaba sobre el altar de los holocaustos» (Dios habla hoy).

El templo samaritano que estaba en Gerizin, Antíoco Epífanez había hecho que los habitantes de aquella
región lo dedicaran a Zeus hospitalario. El de Jerusalén
él lo había dedicado a Zeus olímpico (léase 2.ª Macabeos
6:1-2). Carroll menciona que en la época de los macabeos
se construyó un templo judío en Egipto que, al igual que
el de Jerusalén, fue destruido en el año 70 d. C.[8]

Sobre esta profanación del templo en Jerusalén,
quisiera una vez más invitarle al relato de 2.ª Macabeos 6:4-7: «El templo era escenario de actos desenfre-
nados y de fiestas profanas, organizadas por paganos
que se divertían con mujeres de mala vida y tenían re-
laciones con prostitutas en los atrios sagrados. Además, llevaban al templo objetos que estaba prohibido
introducir en él, y el altar se veía lleno de animales que
la ley prohibía ofrecer. No se podía observar el día de
reposo ni celebrar las fiestas tradicionales, ni siquiera
declararse judío. A la fuerza se veía la gente obligada
a comer de los animales que cada mes se ofrecían en
sacrificio para celebrar el día del nacimiento del rey.
Cuando llegaba la fiesta del dios Baco se obligaba a la
gente a tomar parte en la procesión con la cabeza co-
ronada de ramas de hiedra» (Dios habla hoy).

Versículos 13-14: «*Entonces oí a un santo que
hablaba, y otro de los santos preguntó a aquel que ha-*

148

blaba; ¿Hasta cuándo durará la visión del continuo sacrificio y la prevariación asoladora entregando el santuario y el ejército para ser pisoteados? Y él dijo: Hasta dos mil trescientas tardes y mañanas; luego, el santuario será purificado.»

Según Scofiel la «desolación» se menciona siete veces en el libro de Daniel.[9] En Daniel 8:13 se refiere a la profanación del templo judío bajo Antíoco IV; en Daniel 9:17 es una alusión a la desolación del templo judío en Jerusalén; ya Nabucodonosor lo había destruido en el año 586 a. C.; en Daniel 9:18 se habla de la desolación de Jerusalén; en Daniel 9:26 la desolación tiene que ver con la destrucción del templo judío en el año 70 a. C.; finalmente, Daniel 9:27 se refiere al templo judío de la tribulación; 11:31 señala la profanación de Antíoco Epífanez y 12:11 la profanación del templo escatológico judío durante la semana setenta.

Las «dos mil trescientas tardes y mañanas» no se deben entender como «dos mil trescientos días». En Éxodo 29:38-39 leemos: «Esto es lo que ofrecerás sobre el altar: dos corderos de un año, cada día, continuamente. Ofrecerás uno de los corderos por la mañana y el otro cordero lo ofrecerás a la caída de la tarde.» La expresión significa los sacrificios de la mañana y los de la tarde. Si los contáramos en días serían 1.150 días. La profanación del templo judío en Jerusalén bajo Antíoco Epífanez se extendió desde el año 167 al 164 a. C. Unos tres años. Según esta cronología la desolación del templo cubrió unos 1.080 contando los años conforme a la profecía de 360 días. Si a los 1.150 días le restamos 1.080 tendremos una diferencia de 70 días. Estos 70 días puede que se hayan cumplido en el decreto firmado por Antíoco Epífanez; él precedió a la actual profanación del templo (léase 1.ª Macabeos 1:41-53).

Otros comentaristas ven las «dos mil trescientas

tardes y mañanas» como una alusión a días literales. O sea, 2.300 días. Es decir, 6 años con 4 meses y 20 días. La opinión de Elvis L. Carballosa, que sostiene esta postura, es: «Los dos mil trescientos días constituyen el período de tiempo transcurrido entre el año 171 a. C. (año del asesinato de Onías III, quien era el legítimo sumo sacerdote antes de la profanación por Antíoco Epífanez) y el año 165 a. C., cuando el templo fue purificado (el 25 de diciembre de 165 a. C.).»[10]

El escritor H. B. Carroll también comparte con nosotros la manera como él interpreta: «Dos mil trescientos días. Dije que en el año 143 de la historia griega Antíoco tomó a Jerusalén y en el año 149 Antíoco murió. Tomando las fechas de los meses en estos años, el intervalo es seis años y ciento diez días. Contando que el año tenía 360 días, como hacían los judíos, vienen a ser 2.300 días desde el día cuanto Antíoco entró a Jerusalén y sujetó a la hueste de judíos hasta que por la muerte de él cesó la opresión de ellos.»[11]

Sobre la consagración del templo judío bajo Judas Macabeo tenemos un relato de mucho interés:

> «*El día veinticinco del noveno mes (es decir, el mes llamado Quisleu) del año ciento cuarenta y ocho (164 a. C.), se levantaron muy temprano y ofrecieron, de acuerdo a la ley, un sacrificio sobre el nuevo altar de los holocaustos que habían construido. En el aniversario del día en que los paganos habían profanado el altar, en ese mismo día, lo consagraron...*» (1.ª Macabeos 4:52-54).

Ahora quisiera que considerarámos la llamada teoría día = año, que se aplica por algunos a las «dos mil trescientas tardes y mañanas». Tres pasajes bíblicos citan estos intérpretes para sostener su postura (Números 14:34; Ezequiel 4:4-6 y Daniel 9:24). Aunque la profecía

150

día = año se aplica en otros lugares de la profecía de Daniel 9:24-27, en Daniel 8:13 no tiene ninguna aplicación.

1. Los adventistas del séptimo día sostienen esta teoría día = año. En su libro *Seguridad y paz en el conflicto de los siglos*, la señora Elena G. White dedica siete capítulos o 119 páginas para defender esta postura. Según lo narrado por ella, fue Guillermo Miller, un ávido estudiante, el que formuló la teoría día = año para interpretar las «dos mil trescientas tardes y mañanas». Según él, esto tenía que referirse al advenimiento del Señor. Para llegar a su conclusión asoció las setenta semanas de Daniel o 490 años con las «dos mil trescientas tardes y mañanas». La palabra «determinadas» (Daniel 9:24) la interpretó como «descontadas», esto lo llevó a la certeza de que los 490 años formaban parte de los 2.300 años.[12]

El otro problema que tenía que resolver era cuándo comenzar a contar las setenta semanas. Por fin dio con la respuesta; tenían que comenzar en el decreto de Artarjerjes, en el año 457 a. C. Las sesenta y nueve semanas o 483 años lo llevaron al otoño del año 27 d. C.[13] La semana restante o la setenta la vio cumplida entre el año 27 hasta el año 34 d. C.[14] Para llegar al advenimiento del Señor había, simplemente, que descontar 490 años de 2.300 años. El resultado era 1.810 años. Al sumar los 1.810 años al 34 d. C., la fecha profética apareció 1.844.[15]

Miller, entonces, comenzó a dictar conferencias sobre su profético descubrimiento. Era el año 1831 y tenía cincuenta años de edad cuando comenzó a proclamar esta nefanda revelación. Dos años después la Iglesia bautista lo licenciaba como predicador.[17]

La expectación del retorno del Señor comenzó a surtir sus efectos. Ya para los meses del verano del año 1844, unas cincuenta mil personas abandonaron las iglesias tradicionales.

151

Por fin llegó el día de la purificación del santuario, la fecha era el día 22 de octubre de 1844. Todo el día esperaban el gran acontecimiento, llegó la noche... eran las doce de la media noche. Nada había sucedido; cientos de miles de creyentes fueron defraudados. El comentario era el mismo: «Miller se equivocó.»

Una de las simpatizantes de Guillermo Miller era Elena G. de White. Según ella, Miller no estaba equivocado. El Señor había entrado a su santuario, ¿pero dónde? Leamos lo que en sus propias palabras ella dijo: «Así que los que andaban en la luz de la palabra profética vieron que en lugar de venir a la tierra al fin de los 2.300 días, en 1844 Cristo entró entonces en el lugar santísimo del santuario celestial para cumplir la obra final de la expiación preparatoria para su venida.» [18]

Lo trágico de esta interpretación es que la obra completa de la expiación realizada por Cristo en el Calvario estaba incompleta hasta el 22 de octubre del año 1844.

Éste es uno de los errores o falsas enseñanzas de los adventistas del séptimo día. Otras de sus muchas falsas enseñanzas son: El arcángel Miguel y Cristo son los mismos; el sueño del alma; la destrucción de todos los inicuos; el aniquilamiento de Satanás y los demonios; Satanás ha de llevar nuestros pecados; el sello de los creyentes es guardar el día sábado; le dan tanto trabajo a los ángeles, que dejan al Espíritu Santo inactivo; el grado de inspiración que atribuyen a los escritos de la señora Elena G. de White.

2. Los testigos de Jehová. Aunque no enseñan la teoría día = año, afirman que en «dos mil trescientas tardes y mañanas» hay que contar 6 años con 4 meses y 20 días: «Dos mil trescientas tardes y mañanas (Daniel 8:14 Mod); empezaron en el mes de mayo de 1926, en la asamblea internacional de Londres (Inglaterra, 25-31 de mayo). Terminaron el 15 de octubre de 1932, con la publicación oficial de la noticia en *The Wathtower*.» [19]

En cuanto a la manera de interpretar, los testigos de Jehová sacan el texto fuera del contexto para decir un pretexto. La hermenéutica de ellos está toda tergiversada. La bobería de ellos al interpretar las «dos mil trescientas tardes y mañanas» demuestra la mutilación que hacen a la Biblia.

La conversación de «los santos» giró en torno a una pregunta y a una respuesta. Ya hemos visto cuál era el interrogante, y la explicación de la respuesta fue analizada. Los ángeles poseen una inteligencia muy elevada en comparación con la de los seres humanos. En el referido pasaje «santos» y ángeles significa lo mismo.

La visión del ángel Gabriel (versículos 15-18)

Versículos 15-18: «*Y aconteció que mientras yo, Daniel, consideraba la visión y procuraba comprenderla, he aquí, se puso delante de mí uno con apariencia de hombre. Y oí una voz de hombre entre las riberas del Ulai que gritó y dijo: Gabriel, enseña a éste la visión. Vino luego cerca de donde yo estaba y con su venida me asombré y me postré sobre mi rostro. Pero él me dijo: Entiende, hijo de hombre, porque la visión es para el tiempo del fin. Mientras él hablaba conmigo caí dormido en tierra sobre mi rostro y él me tocó y me hizo estar en pie.*»

El personaje «con apariencia de hombre» (verso 15) no se debe confundir con una teofanía (manifestación de Cristo). El conjunto de la frase y los contextos demuestran que es el ángel Gabriel.

Scofield da una referencia como si fuera una teofanía.[20] El escritor H. B. Carroll comparte la misma interpretación; dice él: «Ésta fue una manifestación anticipada de Cristo... estuvo allí como el Hijo de Dios, y Daniel sintió su presencia...»[21]

La «voz de hombre» que se dirige a Gabriel es la de Dios. Algunos piensan que puede ser la del arcángel Miguel o de otro ángel de mayor rango. La palabra «gritó» revela autoridad divina, y la expresión «enseña a éste la visión» es un imperativo divino.

El nombre Gabriel se menciona únicamente en cuatro pasajes bíblicos (Daniel 8:16, 9:21; Lucas 1:19, 26). Siempre aparece asociado con los designios de Dios para sus escogidos. Gabriel significa «hombre de Dios», «Dios se ha mostrado fuerte», «la fuerza de Dios» o «varón de Dios». Muchos comentaristas se refieren a Gabriel como «el ángel mensajero». Algún día, en el cielo, conoceremos todo lo relacionado a este maravilloso ángel y su tan especial ministerio.

La proximidad de Gabriel ante Daniel le causa asombro, de tal manera que el profeta se postra con su cara hacia el suelo. No lo hizo con la actitud de adoración, ya que él, al igual que todos los hombres de Dios, no daba culto a los ángeles (Apocalipsis 19:10, 22:8-9).

El trabajo que se le había asignado a Gabriel era el de intérprete. Lo que Daniel vio en visión le sería explicado. Los ángeles tienen acceso a ciertos misterios divinos que a nosotros nos están velados. La declaración «porque la visión es para el tiempo del fin» se refería a que su cumplimiento no sería inmediato. Pasarían unos 250 años antes de que los ejércitos de Alejandro vencieran completamente a Darío III. Otros eventos de la profecía en visión demandaban más años, como el comienzo del reinado de Antíoco Epífanez, que se cumplió 376 años después de lo revelado a Daniel.

La declaración «caí dormido en tierra sobre mi rostro» es explicada en otras versiones: «yo me desmayé y quedé tendido en el suelo» (Dios habla hoy); «seguí de bruces, aletargado» (nueva Biblia española); «yo me desvanecí, rostro en tierra» (Biblia de Jerusalén). Hubo una reacción física de parte de Daniel ante aquella angelofanía. Él no vio a Gabriel en visión, la manifestación de este ángel era literal. El toque que Gabriel le da a Daniel alienta a éste para que se pare. ¿Con cuántos ángeles nos habremos tropezado en nuestra vida? ¿Cuántas veces hemos hablado con ángeles? El ministerio de los ángeles todavía está vigente, siguen activos sobre el planeta tierra y ministran a los escogidos.

Las visiones interpretadas (versículos 19-26)

Versículo 19: «*Y dijo: He aquí yo te enseñaré lo que ha de venir al fin de la ira, porque eso es para el tiempo del fin.*»

Las declaraciones «al fin de la ira» y «el tiempo del fin» tienen una aplicación con el desarrollo de las visiones vistas por Daniel. Daniel 8 es profecía ya cumplida. Muchos comentaristas se esfuerzan por aplicar los versículos 23 al 25 en conexión con el anticristo escatológico. La hermenéutica aplicada libremente a todo este pasaje indica que el cuerno pequeño no es el anticristo, sino Antíoco IV Epífanez. Ése es el tiempo que señala el ángel Gabriel.

Los versículos 20 al 22 dan una interpretación: Los dos cuernos del carnero son «los reyes de Media y de Persia». El cuerno grande en el macho cabrío se nos dice que «es el rey primero». La historia verifica que el rey primero del imperio greco-macedonio fue Alejandro. Los cuatro cuernos que se dividen de aquél corresponden a «cuatro reinos» que surgirán en lugar de aquél, pero inferiores.

Versículo 23: «*Y al fin del reinado de éstos, cuando los transgresores lleguen al colmo, se levantará un rey altivo de rostro y entendido en enigmas.*»

El «rey altivo de rostro» y el «cuerno pequeño» son el mismo individuo. En el comentario que ofrecimos a Daniel 8:9-14 quedó demostrado por la historia y a la luz de los libros de los macabeos, que dicho personaje era Antíoco Epífanez. La expresión «y entendido en enigmas» debe entenderse como una referencia a la astucia empleada por Antíoco Epífanez.

Versículo 24: «*Y su poder se fortalecerá, mas no con fuerza propia, y causará grandes ruinas y prosperará y hará arbitrariamente y destruirá a los fuertes y al pueblo de los santos.*»

Antíoco Epífanez logró dominar a Egipto bajo el reinado de Ptolomeo VI, su sobrino. Al tomar a Egipto lo hizo amparado en la tutoría que manifestaría a su sobrino. Para que tengamos un cuadro exacto de las vilezas, persecuciones, crímenes y genocidios de Antíoco Epífanez sería recomendable leerse 1.ª Macabeos 1:10, 4:60; 2.ª Macabeos 2:19, 7:42.

Versículo 25: «*Con su sagacidad hará prosperar el engaño en su mano y en su corazón se engrandecerá, y sin aviso destruirá a muchos y se levantará contra el Príncipe de los príncipes, pero será quebrantado, aunque no por mano humana.*»

El derecho al trono no pertenecía a Antíoco Epífanez, sino a su sobrino Demetrio, hijo de su hermano Seleuco IV, verdadero heredero al trono seleucida. En Roma estaban ambos, el tío y el sobrino. Antíoco IV se las arregló para apoderarse y pisotear los derechos de su sobrino. A esto se refieren las palabras «sagacidad» y «engaño»: «Cuando Seleuco murió, lo sucedió Antíoco, conocido con el nombre de Epífanez...» (2.ª Macabeos 4:7, Dios habla hoy).

El sumo sacerdote, cuando reinaba Seleuco IV, hermano mayor de Antíoco IV, lo era Onías III. Una narración de los días de su sacerdocio cuenta: Onías III era piadoso y buscaba que el pueblo cumpliera las leyes. Un sacerdote llamado Bilga, administrador del templo, en disgusto con Onías III fue a hablar con el jefe militar de Celesiria y Fenicia, el cual era Apolonio. Le contó de las riquezas que había en el templo. Apolonio se lo comunicó al rey Seleuco IV, éste envió al encargado del gobierno, de nombre Apolonio.

Apolonio, aparentemente, vino en misión de visita, el sumo sacerdote lo recibió bien. Onías le dijo que todo el dinero en el templo sumaba «trece mil doscientos kilos de plata y seis mil seiscientos kilos de oro». Heliodoro insistía en apoderarse de dicho oro y plata. Un día señalado, Heliodoro entró en el templo. Los sacerdotes clamaban en el altar a Dios. En Onías III había miedo. Las calles estaban atestadas de judíos.

Cuando ya Heliodoro y los que le acompañaban se prestaban a tomar el tesoro del templo Dios se manifestó. Apareció un jinete terrible, montado en un adornado caballo, la armadura del jinete era de oro. Los cascos del caballo hirieron a Heliodoro, también dos personajes de gran belleza y fuerza; a Heliodoro lo tuvieron que sacar en una camilla del templo. Los amigos de Heliodoro le pidieron a Onías que intercediera. Cuando Onías ofrecía el sacrificio por el pecado de aquel funcionario a Heliodoro se le aparecieron los dos jóvenes y le dijeron: «Da muchas gracias al sumo sacerdote, Onías; por su oración él Señor te perdona la vida. Y ahora que has recibido el castigo de Dios proclama a todos su gran poder.» Finalmente, Heliodoro presenta sacrificio a Dios, testifica del Dios de los judíos y cuando ve al rey le habla del poder divino que hay en el templo de Jerusalén. Este relato se puede leer en minuciosos detalles en 2.ª Macabeos 3.

Cuando Antíoco Epífanez asumió el reinado, le vendió el sumo sacerdocio a Jasón, el hermano de Onías III. Jasón se comprometió a pagar una cuantiosa suma de dinero en oro y plata, además de las contribuciones que ofrecía. Jasón contribuyó mucho en desarrollar las costumbres helenizantes.

Posteriormente otro sacerdote llamado Menelao fue a ver al rey en misión de Jasón. Ante el rey ofreció «nueve mil novecientos kilos de plata más que Jasón», comprando así el sumo sacerdocio. Menelao fue un tirano que no se comportaba como sumo sacerdote. Jasón tuvo que huir al territorio de Amón. Menelao dejó de pagar los tributos prometidos al rey Antíoco Epífanez. Luego Menelao, por medio de un funcionario llamado Andrónico, buscó la muerte de Onías III. Menelao había robado objetos de oro del templo y de ellos le regaló algunos a Andrónico. Onías, desde Dafne, lugar próximo a Antioquía, le reprochaba a Menelao su pecado. Ésta fue la causa para su muerte.

Cuando Antíoco Epífanez se preparaba para atacar por segunda vez a Egipto, un falso rumor de su muerte comenzó a circular. Jasón se aprovechó de esta aparente situación para atacar la ciudad. Cuando Antíoco Epífanez se enteró de esto pensó que Jerusalén se quería rebelar. Finalmente, Jasón, que tuvo que huir, murió en Egipto.

Daniel nos dice de Antíoco Epífanez: «pero será quebrantado, aunque no por mano humana» (verso 25). En 1.ª Macabeos se nos ofrece un relato de la muerte de Antíoco Epífanez. Según lo relatado Antíoco Epífanes llegó hasta Elimaid, ciudad de Persia. Allí se había propuesto apoderarse de sus riquezas. Los habitantes de la misma le presentaron resistencia. En derrota decide huir de Persia hacia Babilonia.

No había todavía abandonado Persia cuando recibió las noticias de la derrota de su ejército en Judea, al mando de su general Lisias. El líder de los judíos, Judas Macabeo, y sus hermanos, le dieron una fiera resistencia al ejército comandado por Lisias. Esta ola de derrotas causó tristeza y angustia en antíoco Epífanez, el cual se enfermó y murió. Luego Lisias instaló como sucesor al reino a Antíoco Eupator, hijo de Antíioco Epífanez (1.ª Macabeos 6:1-17).

El relato ofrecido por 2.ª Macabeos presenta información adicional a la de 1.ª Macabeos. Antíoco se había propuesto hacer de Jerusalén un cementerio para los judíos. Una enfermedad invisible e incurable se apoderó de sus intestinos. En el carro en el cual se cayó dislocándose las manos y piernas. La enfermedad que le atacó le comía la carne y le producía un mal olor. Los síntomas que se dan de la misma y la manera tan rápida como Antíoco Epífanez murió nos sugiere que era cáncer (Para más información léase 2.ª Macabeos 9:1-29).

Según continúa este relato de los macabeos en su segundo libro, Antíoco se volvió a Dios haciendo muchas promesas: (1) No destruiría a Jerusalén. (2) Le concedería la ciudadanía griega a los judíos. (3) Ayudaría al embellecimiento del templo, devolviendo lo robado y ayudando a los gastos de los sacrificios. (4) Se haría prosélito de la religión judía, dando testimonio de la misa.

En 2.ª Macabeos 9:19-27 se registra una carta que escribió Antíoco Epífanez a los judíos. En la misma les habla de su enfermedad, muestra mucho respeto hacia los judíos y les introduce a su hijo, Antíoco Eupator, como su próximo sucesor, pidiendo condescendencia para él.

En ambos relatos, el de 1.ª Macabeos 6:1-17 y el de 2.ª Macabeos 9:1-18 los autores dan a entender que lo sucedido a Antíoco Epífanez era juicio de Dios. Es interesante el citar algunos de esos pasajes donde se corrobora lo dicho por Daniel, «será quebrantado, aunque no por mano humana»:

> «*Pero ahora recuerdo los males que hice en Jerusalén... mandé exterminar a todos los habitantes de Judea sin ningún motivo. Reconozco que por esa causa me han venido estas calamidades...*» (1.ª Macabeos 6:12-13, Dios habla hoy).

> «*Pero el juicio de Dios lo seguía... el Señor Dios de Israel, que todo lo ve, lo castigó con un mal incurable e invisible... Esto fue un justo castigo... Entonces todo malherido, bajo el castigo divino que por momento se hacía más doloroso, comenzó a moderar su enorme arrogancia y a entrar en razón*» (2.ª Macabeos 9:4-11, Dios habla hoy).

> Versículo 26: «*La visión de las tardes y mañanas que se ha referido es verdadera, y tú guarda la visión, porque es para muchos días.*»

El ángel Gabriel no necesitó explicar el tiempo de las «dos mil trescientas tardes y mañanas», ya que por sí mismo se entendía su cumplimiento. Esto sí, el ángel le enfatiza al profeta la veracidad de su cumplimiento. En sus días, Daniel no vería el cumplimiento, pero esos muchos días por fin llegaron en el reinado de Antíoco Epífanez. La expresión «guarda la visión» no significa esconderla, sino preservarla y revelarla a otros.

El efecto de las visiones en Daniel (versículo 27)

> Versículo 27: «*Y yo, Daniel, quedé quebrantado y estuve enfermo algunos días, y cuando convalecí atendí los negocios del rey, pero estaba espantado a causa de la visión y no la entendía.*»

El estado de enfermedad y la convalecencia a que Daniel hace referencia no parece ser la causa de las visiones tenidas. Lo lógico sería suponer que el profeta, con unos setenta y cinco años de edad, sufrió de algunos achaques de la ancianidad. Debido a su estado malogrado de salud tuvo que guardar cama hasta recobrar su salud.

El pasaje nos da a entender que Daniel, al principio del reinado de Belsasar, junto a su padre Nabonido, ejercía un alto puesto en el gobierno babilónico. La expresión es clara: «atendí los negocios del rey». Es posible que después de su regreso al trabajo Daniel no permaneció mucho tiempo. Por tal razón, en Daniel 5 Belsasar le dice a Daniel: «¿Eres tú aquel Daniel de los hijos de la cautividad de Judá que mi padre trajo de Judea?» El tiempo que el profeta estuvo retirado por razones de salud y de edad contribuyó a que Belsasar no lo recordara cuando lo vio.

«Pero estaba espantado a causa de la visión y no la entendía.» Los verdaderos hombres de Dios admiten que no entienden todos los misterios que a ellos se les pueden mostrar. Entender la visión que tuvo Daniel es para nosotros algo sencillo. La historia la ha cumplido y los sucesos ocurridos la han explicado. Pero para Daniel, aunque Gabriel le explicó, lo visto en visiones estaba rodeado de misterios. En el telescopio de la profecía él vio: (1) La fusión de los imperios de Media y de Persia (año 538 a. C.). (2) La preponderancia persa sobre los medos (año 536 a. C.). (3) El levantamiento de Alejandro Magno (año 356 a. C.). (4) La derrota de los persas por Alejandro en tres sucesivas batallas (años 334, 333 y 331 a. C.). (5) La muerte inesperada de Alejandro Magno (año 323 a. C.). (6) El levantamiento de su imperio entre sus generales (año 301 a. C.) (7) El levantamiento de Antíoco Epífanez (años 175 a. C.). (8) La profanación del templo judío por Antíoco Epífanez

161

(años 167-164 a. C.). (9) La muerte por enfermedad de Antíoco Epífanez (año 163 a. C.). (10) Una vislumbre del anticristo de los días finales (año ?).

Aplicación profética

La exégesis bíblica que hemos aplicado a este capítulo 8 de Daniel da por demostrado el cumplimiento histórico de las profecías reveladas a Daniel por medio de visiones. Todo se cumplió en los siglos III y II a. C. Diferente a otros comentaristas, hemos evitado el inyectar en el texto una postura escatológica. Sin embargo, veré en Antíoco Epífanez una sombra o figura del anticristo escatológico. Rehuso emplear el término «tipo» como figura retórica para referirme a Antíoco Epífanez en relación con el anticristo. El tipo exige concretas aplicaciones, y en este caso nos llevaría a establecer incidentes de la vida de Antíoco IV Epífanez que el texto, seriamente interpretado, no apoyaría. Un ejemplo de lo antes dicho sería: El cuerno notable del macho cabrío se quebrantó y en su lugar salieron cuatro cuernos. De uno de esos cuernos nació el cuerno pequeño. Es decir, de la Siria surgió Antíoco Epífanez. Algunos comentaristas establecen a la luz de la tipología aplicada a Antíoco Epífanez que la nacionalidad del anticristo será siria, que nacerá en Siria. No obstante, este capítulo 8 de Daniel nos invita a formular algunas reflexiones sobre el anticristo.

1. El «cuerno pequeño». Según lo visto por Daniel este cuerno crecía «hacia la tierra gloriosa» (8:9). El dominio del anticristo se extenderá hacia Palestina.

También se nos dice que «se engrandecerá hacia el ejército del cielo... y se engrandecerá contra el príncipe de los ejércitos» (8:10-11). El anticristo será un perseguidor de los santos del Altísimo, gentiles y judíos

162

convertidos en la tribulación. Su odio hacia los santos lo llevará a un holocausto mayor que el que Hitler produjo con los judíos durante la segunda guerra mundial (Apocalipsis 13:7). Contra el Señor Jesucristo se levantará en guerra (Apocalipsis 17:14).

El cuerno pequeño de Daniel, o sea, Antíoco Epífanez, quitó el sacrificio y destruyó el templo (8:11). En la semana setenta, muchos judíos, en abierta rebelión hacia el Mesías, volverán a la práctica de sacrificios en un nuevo templo que será erigido en Jerusalén (2.ª Tesalonicenses 2:4; Apocalipsis 11:1-2). Ese templo será profanado por el anticristo (Daniel 9:27; Mateo 24:15; Marcos 13:14).

2. Las «dos mil trescientas tardes y mañanas». Ya hemos visto que esta expresión es lo mismo que mil ciento cincuenta días, o tres años, dos meses y diez días. Históricamente, este tiempo de profanación se cumplió en el tiempo de los macabeos con Antíoco Epífanez. El templo fue purificado bajo la dirección de Judas Macabeo. Es probable que desde que el anticristo mate a los dos testigos (Apocalipsis 11:7) hasta que Cristo retorne en su revelación para poner fin a la profanación del templo de la tribulación, transcurrirán 3 años, 2 meses y 10 días.

3. El «tiempo del fin». En el libro de Daniel esta expresión, con algunas modificaciones, es muy popular. En el capítulo 8 se emplea cuatro veces: «el tiempo del fin» (8:17); «al fin de la ira» (8:19); «el tiempo del fin» (8:19); «muchos días» (8:26). Muchos comentaristas afirman que señalan más allá de los días de Antíoco Epífanez, revelan un cumplimiento histórico y otro escatológico.[22]

4. La declaración «Y su poder se fortalecerá, mas no con fuerza propia». En Apocalipsis 13:2 leemos: «... y el dragón le dio su poder y su trono y grande autoridad». Luego, en Apocalipsis 17:17 se nos dice: «Por-

que Dios ha puesto en sus corazones el ejecutar lo que él quiso: ponerse de acuerdo y dar su reino a la bestia hasta que se cumplan las palabras de Dios.» Satanás le dará su poder al anticristo, pero será posible porque Dios lo permitirá.

5. La expresión «será quebrantado, aunque no por mano humana». El anticristo no será muerto por sus enemigos, su fin será por intervención divina (Daniel 7:26, 9:27; Apocalipsis 17:14, 19:19-20; 2.ª Tesalonicenses 2:8).

6. Las palabras «con su sagacidad hará prosperar el engaño en su mano». El anticristo será muy astuto en sus planes. Hará que los judíos entren en un pacto de siete años con él (Daniel 9:27). En mitad del pacto él mismo lo romperá (Daniel 9:27). Usará a la religión (Apocalipsis 17:3-4), lo sobrenatural (Apocalipsis 13:12-15), al mismo Satanás (Apocalipsis 13:2), milagros (2.ª Tesalonicenses 2:9) y toda clase de engaño (2.ª Tesalonicenses 2:10) para engañar a la humanidad.

El anticristo se presentará como amigo de los judíos, pero será su peor enemigo desde los días de Faraón, Amán, Antíoco Epífanez, Tito Vespasiano... y Hitler. La paz que prometerá a la humanidad será una careta para su carácter diabólico e infernal.

Notas bibliográficas

1. H. B. Carroll, *Daniel y el período intertestamentario*, pp. 106-107.

2. Merril F. Unger, *El mensaje de la Biblia*, p. 399.

3. José Grau, *Las profecías de Daniel*, p. 135.

4. Urias Smith, *Las profecías de Daniel*, p. 121.

5. *Enciclopedia británica*, Macropedia, tomo I, edición 1977, pp. 468-472.

6. H. B. Carroll, ob. cit. p. 214.

7. Adam Clarke, *Comentario de la Santa Biblia*, II, p. 329.

8. H. B. Carroll, ob. cit., p. 260.

9. C. I. Scofield, *Comentario a Daniel 8:13*.

10. Elvis L. Carballosa, *Daniel y el Reino Mesiánico*, p. 182.

11. H. B. Carroll, ob. cit., p. 114.

12. Elena G. de White. *Seguridad y paz en el conflicto de los siglos*, pp. 372-373.

13. Ibid., p. 373.

14. Ibid., p. 375.

15. Ibid., p. 376.

16. Ibid., pp. 378-379.

17. Ibid., pp. 378-380.

18. Ibid., pp. 474-475.

19. *Hágase tu voluntad*, publicado por Watchtower Bible and tract society of New York, Inc., p. 395 (léase también las pp. 228-229).

20. Scofield, ob. cit., referencia a Daniel 8:15.

21. H. B. Carroll, ob. cit., p. 116.

22. Scofield, ob. cit., comentario a Daniel 8:19.

9

La profecía revelada en sietes

En este capítulo 9 de Daniel encontramos una de las profecías más completas y de mayor alcance escatológico. Lo revelado en esta profecía y la interpretación que se le dé determinará el esquema para la correcta interpretación del contenido apocalíptico. La mayor revelación profética, los setenta sietes o, como comúnmente se le llama, las «setenta semanas» son considerados por muchos como la «espina dorsal de la profecía» o el «ABC de la profecía». Entender este capítulo daniélico es tener una correcta interpretación del resto de la profecía.

La ocasión de la oración (versículos 1-2)

Versículos 1-2: *«En el año primero de Darío, hijo de Asuero, de la nación de los medos, que vino a ser rey sobre el reino de los caldeos, en el año primero de su reinado, yo, Daniel, miré atentamente en los libros el número de los años de que habló Jehová al profeta Jeremías, que habían de cumplirse las desolaciones de Jerusalén en setenta años.»*

167

El Darío aquí mencionado es el mismo de Daniel 5:31 y 6:1. Hemos dicho que se identifica con Ciaxares II, tío por parte de madre de Ciro el persa. El nombre «Asuero», más que el nombre personal de alguien, significa un título real, como «César» o «Faraón».

Lo narrado en este capítulo 9 de Daniel ocurrió en el año 539 a. C. o en el primer año del reinado de Darío sobre el derrotado Imperio babilónico. En ese año de transición política Dios tenía una revelación especial para Daniel.

Jeremías había profetizado del cautiverio en Babilonia, pero también señaló el tiempo específico que duraría el mismo:

> *«Toda esta tierra será puesta en ruinas y espanto y servirán estas naciones al rey de Babilonia setenta años, y cuando sean cumplidos los setenta años castigaré al rey de Babilonia y a quella nación por su maldad, ha dicho Jehová, y a la tierra de los caldeos, y la convertiré en desiertos para siempre»* (Jeremías 25:11-12).

> *«Porque así dijo Jehová: Cuando en Babilonia se cumplan los setenta años yo os visitaré y despertaré sobre vosotros mi buena palabra para haceros volver a este lugar»* (Jeremías 29:10).

En 2.ª Crónicas 36:20-21 se nos da la razón del cautiverio babilónico; el pueblo de Judá había violado los años sabáticos: «Los que escaparon de la espada fueron llevados cautivos a Babilonia y fueron siervos de él y de sus hijos, hasta que vino el reino de los persas, para que se cumpliese la palabra de Jehová por boca de Jeremías hasta que la tierra hubo gozado de reposo, porque todo el tiempo de su asolamiento y reposo hasta que los setenta años fueron cumplidos.»

En el capítulo 25 del libro de Levítico se nos habla

sobre la ley de la tierra. Scofield nos declara que la ley de la tierra incluía: (1) El año sabático (25:1-7). (2) El año del jubileo (25:8-24). (3) La redención de la herencia (25:25-34). (4) El hermano pobre (25:36-46). (5) La redención del hermano pobre (25:47-55). (6) Las condiciones para disfrutar de esta bendición (26:1-46).[1]

El año sabático significaba que la tierra se cultivaría seis años y la viña se vendimiaría seis años. El año séptimo, tanto la tierra como los viñedos, tendrían reposo (Levítico 25:3-7). En ese año de reposo la tierra no se sembraría, tampoco se cosecharía de la misma.

El pueblo de Israel había privado a la tierra de setenta años de descanso. Esa ley sagrada del reposo con relación a la tierra había sido violada. Eso indica que por espacio de 490 años la tierra no había descansado. Si al año 606 a. C. le sumamos 490 años llegaríamos a la fecha del año 1096 a. C., el tiempo intermedio entre la muerte de Jair, el octavo juez (año 1105 a. C.) y el ascenso de Jefté, el noveno juez (año 1087 a. C.).[2]

Daniel usa el plural «libros», dando a entender que en añadidura al libro de Jeremías tenía a su alcance otros libros inspirados. Como veremos, la preparación espiritual que capacitó a Daniel para la revelación divina fue la suma del estudio de las Escrituras y la oración ferviente. El estudio personal y la práctica de la oración tenían un balance en su vida. En nuestros días muchos creyentes, por el contrario, presentan un desequilibrio; unos oran demasiado y estudian poco y otros estudian demasiado, pero no gustan de la oración.

En su estudio bíblico, Daniel se preocupaba por saber si el cumplimiento de la profecía de Jeremías ya estaba cerca. Según lo profetizado y los cálculos de Daniel, ya el tiempo del exilio babilónico estaba por finalizar. Ya se habían cumplido sesenta y siete años en el cautiverio, significaba entonces que en tres años más Dios cumpliría su palabra del retorno judío.

Los elementos de la oración (versículos 3-19)

Ésta es una de las oraciones clásicas de la Biblia. Las otras son las del libro Nehemías 9:4-38; Jonás 2:1-10; Habacuc 3:1-9; Juan 17:1-26. Con anterioridad vimos que Daniel dependía mucho de la oración (2:17-18) y que era una práctica habitual en su vida (6:10). Ahora tenemos el privilegio de estudiar los elementos de su oración.

La oración de Daniel estaba acompañada por el «ruego», el «ayuno», el «cilicio y ceniza» (verso 3). En su oración él rogaba, ayunaba para que la misma estuviera respaldada por poder, y se humilló para que Dios lo escuchara. Estas tres cosas, ruego, ayuno y humillación, son el mejor vehículo para que la oración surque los aires y llegue hasta la misma presencia del Altíisimo. El ayuno no es una práctica de fanáticos, los hombres y mujeres que han sido gigantes de Dios supieron reconocer los beneficios derivados de este medio de gracia. La oración, mezclada con ayuno, produce *poder*.

1. *La confesión* (versículos 4-6). La introducción a esta porción de la oración demuestra el elemento «e hice confesión» (verso 4). En este primer versículo Daniel reconoce que el hombre tiene que temer a Dios y cumplir con sus mandamientos en la esfera humana. En la esfera de lo divino Dios es fiel a su pacto y posee el atributo de misericordia para con aquellos que le profesan amor.

En los versículos 5 al 6 se presenta una confesión inclusiva y no exclusiva. En seis ocasiones leemos: «hemos pecado», «hemos cometido», «hemos hecho», «hemos sido», «nos hemos apartado» y «no hemos obedecido». Aquí se manifiesta la conducta de un estado pecaminoso: pecado, cometido, acción, naturaleza, separación y desobediencia. Daniel no ora diciendo «ellos han...», sino «hemos...». Aunque sabemos que Daniel vivió una vida agradable a Dios, su humildad lo lleva a confesar el pecado de su nación como si fuera su propio pecado. No es un fiscal quien ora, Daniel es un confesante.

2. *El reconocimiento* (versículos 7-14). En estos versículos Daniel ve a Dios en su función de hacer justicia (verso 7), de expresar misericordia y de perdonar (verso 9). Reconoce que la presente confusión se debe a la rebeldía del pueblo y de sus líderes al pecar contra Dios (versos 7 y 8). No sólo el pueblo cayó bajo maldición por su transgresión, la razón de su exilio era para que Dios vindicara su palabra (versos 9 al 14).

> Versículo 13: *Conforme está escrito en la ley de Moisés, todo este mal vino sobre nosotros y no hemos implorado el favor de Jehová, nuestro Dios, en todas sus obras que ha hecho, porque no obedecimos su voz.*

Estas palabras parecen tener su contexto en la profecía pronunciada por Moisés. Después de mencionar los castigos que vendrían al pueblo por desobedecer la ley de la tierra, en su séxtupla demanda Moisés declara:

> *«Asolaré también la tierra y se pasmarán por ello vuestros enemigos que en ella moren, y a vosotros os esparciré entre las naciones y desenvainaré espada en pos de vosotros, y vuestra tierra estará asolada y desiertas vuestras ciudades. Entonces la tierra gozará sus días de reposo, todos los días que esté asolada, mientras vosotros estéis en la tierra de*

vuestros enemigos; la tierra descansará entonces y gozará sus días de reposo. Todo el tiempo que esté asolada descansará por lo que no reposó en los días de reposo, cuando habitabáis en ella» (Levítico 26:32-35).[3]

Versículo 14: «*... porque justo es Jehová, nuestro Dios, en todas sus obras que ha hecho, porque no obedecimos su voz*».

El exilio, la opresión, la explotación... tenía el propósito de enseñarle a Israel que Dios tenía que ser obedecido bajo toda circunstancia. En todas estas amargas experiencias no se podía culpar a Dios, acusándolo de injusto. Todo el castigo ha sido la consecuencia de la desobediencia. Si algo hay que reconocer es esta declaración, «porque justo es Jehová, nuestro Dios».

3. *La intercesión* (versículos 15-19). En esta oración intercesora Daniel le recuerda a Dios la liberación milagrosa de Egipto (verso 15); le pide por la ciudad de Jerusalén (verso 16); ruega por el templo (santuario) que Nabucodonosor destruyó en el año 586 a. C. (verso 17).

Es de notarse que en tal oración, parece que el profeta le esté dando ciertas órdenes a Dios; lo cierto es que está reclamando en el poder de la oración las promesas divinas. Leamos estas expresiones: «apartase ahora tu ira y tu furor de sobre tu ciudad, Jerusalén» (verso 16); «oye la oración de tu siervo y sus ruegos» (verso 17); «haz que tu rostro resplandezca sobre tu santuario asolado» (verso 17); «inclina, oh, Dios mío, tu oído y oye; abre tus ojos y mira nuestras desolaciones» (verso 18); «presta oído» (verso 19).

Versículo 18: «*... porque no elevamos nuestros ruegos ante ti confiados en nuestras justicias, sino en tus muchas misericordias*».

172

Ésta es la oración que escucha Dios, la que el creyente va delante de su presencia, no apelando a su propia justicia, sino amparado en las «muchas misericordias» del eterno creador. Esto me recuerda la parábola del fariseo y el publicano (Lucas 18:9-14). El fariseo oraba confiado y apoyado en su propia justicia, le testificaba a Dios de su religiosidad: «Dios, te doy gracias porque no soy como los otros hombres, ladrones, injustos, adúlteros, ni aun como este publicano; ayuno dos veces a la semana, doy diezmos de todo lo que gano.» El publicano no tenía la religiosidad del fariseo. No era tan estricto o consagrado como parecía aquél. No obstante, su oración fue más espiritual. Él oró confiado en las misericordias de Dios: «Dios, sé propicio a mí, pecador.»

En la Biblia de Scofield esto se parafrasea así: «Sé para conmigo como tú eres cuando miras la sangre de la expiación.»[4]

Versículo 19: *«Oye, Señor; oh, Señor, perdona; presta oído, Señor, y hazlo; no tardes, por amor de ti mismo, Dios mío, porque tu nombre es invocado sobre tu ciudad y sobre tu pueblo.»*

Tres veces se repite el título «Señor». La palabra griega para «señor» es «kurios». Este título, en el griego, encierra tres propósitos: señor, amo y dueño. El llamar a Dios como Señor implica que los creyentes se aceptan como sus siervos, sus esclavos y su propiedad. Por ser Señor Dios es soberano absoluto y dueño de todas las cosas.

Daniel pide, creyendo en la pronta respuesta de Dios, «no tardes». La respuesta de Dios muchas veces parece demorarse, pero finalmente entendemos que no llegó tarde. En su tiempo es que Dios actúa. En el griego se emplean tres palabras para referirse al tiempo:

(1) «Pote», se traduce «para que», «porque», «que», «una vez», «algún tiempo», «otro tiempo», etc. Este término habla de un tiempo indeterminado, que no se puede establecer. (2) «Cronos», se traduce «tiempo», señala una época o fecha desde el punto de vista humano, algo que se puede calcular o determinar. (3) «Karios», se traduce también «tiempo» o «los tiempos», se usa para referirse más al tiempo oportuno de Dios (Mateo 11:25, 26:18; Lucas 8:13; Romanos 5:6; 2.ª Corintios 6:2; 1.ª Pedro 4:17, 5:6; Apocalipsis 1:3, 11:18). Dios tiene su año, su mes, su semana, su día y su hora para actuar. Al creyente solamente le resta creer que Él no tardará y esperar su momento.

La respuesta a la oración (versículos 20-27)

Después de una oración tan llena de fe, que se catapultaba en las misericordias, la justicia, el amor divino y la soberanía de Dios, el cielo tenía que estremecerse. Daniel logró ponerse en sintonía con la estación celestial. Ahora le tocaba a Dios responder a esta oración. Un estudio sistemático a esta respuesta nos permitirá tener un cuadro claro de la revelación divina.

1. *El agente de la respuesta* (versículos 20-23). Tal parece que el versículo 19 no era el final a la oración de Daniel. Mientras continuaba orando es interrumpido por «el varón Gabriel», que se le presentó «a la hora del sacrificio de la tarde». Los ángeles son asexuales, no se reproducen ni tienen género sexual. Sin embargo, tienen la capacidad de asumir forma corporal para manifestarse. En este caso, como en otros relatos bíblicos, la manifestación favorita ha sido la de escoger apariencia de varón o de hombre. No creo que la manifestación angelical está limitada a la de presentarse como varones, personas jóvenes o bien pareci-

das. Un ángel puede manifestarse como la situación lo amerite o requiera. Puede que se manifiesten como niños o niñas, hombres o mujeres, ancianos o ancianas, con piel caucásica o negroide o amarilla o bronceada, pobres o pudientes. Esta manifestación angelical recibe el nombre de «angelofanía».

Esa «hora del sacrificio de la tarde» corresponde exactamente a las tres de la tarde o 3:00 p.m. Entre los hebreos o judíos era costumbre orar de mañana (9:00 a.m.) de mediodía (12:00 p.m.) y de tarde (3:00 p.m.). Según el relato de los evangelio fue a la hora novena, es decir, a la hora del sacrificio, cuando Jesús expiró (Mateo 2746-50). Ese período de tiempo, en Hechos 3:1 se define como: «la hora novena, la de la oración».

Gabriel le deja ver claramente a Daniel sobre su misión: «he salido para darte sabiduría y entendimiento» (verso 22). Los ángeles son sabios e inteligente, tienen acceso a ciertos misterios divinos que nos están a nosotros velados. Pero también tienen sus limitaciones en cuanto a ciertos misterios divinos que les son revelados a los creyentes:

> «A éstos se les reveló, que no para sí mismos, sino para nosotros, administraban las cosas que ahora os son anunciadas por los que os han predicado el evangelio del Espíritu Santo enviado del cielo; cosas en las cuales anhelan mirar los ángeles» (1.ª Pedro 1:12).

Desde que Daniel había comenzado a orar, ya Dios le había dicho a Gabriel que le tenía una misión en relación con Daniel. Esa respuesta que Gabriel le daría al profeta no se origina en él, sino en Dios: «Al principio de tus ruegos fue dada la orden y yo he venido para enseñártela» (verso 23). El Apocalipsis es una revelación que se originó en Dios, se comunico a Jesús, se transmitió a un ángel y éste se la dio a Juan (Apocalipsis 1:1).

Gabriel le tiene que decir a Daniel, «porque tú eres muy amado». El profeta tenía en el corazón de Dios un lugar muy especial. De Enoc leemos: «Y caminó Enoc con Dios» (Génesis 5:22). A Abraham se le llamó «amigo de Dios» (2.ª Crónicas 20:7; Isaías 41:8; Santiago 2:23). A Pablo, el Señor lo llamó «instrumento escogido» (Hechos 9:15). Daniel era objeto de amor divino, «muy amado». De Jesús dijo el Padre: «Éste es mi hijo amado, en quien tengo complacencia» (Mateo 3:17).

2. *Las seis bendiciones para la nación de Israel* (versículos 24). La palabra «semanas» mencionada en este versículo es en hebreo «shavuim» y en griego «hebdomades». Literalmente significa «siete». Los hebreos están acostumbrados a contar en unidades de sietes más que de decenas o docenas. Los judíos tenían semanas de días y semanas de años (Levítico 25:3-4, 8). En Génesis 29:18, 27 y 28 se nos aclara este sentido de semana = año: «Y Jacob amó a Raquel y dijo: Yo te serviré siete años por Raquel, tu hija menor.» «Cumple la semana de ésta y se te dará también la otra por el servicio que hagas conmigo otros siete años. E hizo Jacob así y cumplió la semana de aquélla, y él le dio a Raquel, su hija, por mujer.»

> Versículos 24: *Setenta semanas están determinadas sobre tu pueblo y sobre tu santa ciudad para terminar la prevariación y poner fin al pecado y expiar la iniquidad, para traer la justicia perdurable y sellar la visión y la profecía y ungir al Santo de los santos.*

La expresión «determinadas» debe entenderse como «prefijadas» (NC), «fijadas» (BJ), «han de pasar» (DHH), «decretadas» (NB). En ningún momento debe entenderse que estas semanas son «descontadas». Los adventistas del séptimo día enseñan que las setenta semanas deben descontarse de las «dos mil trescientas tardes y mañanas» (Daniel 8:14).[5] Haciendo esto y en base a la teoría día = año que aplican a las 2.300 tardes y mañanas, ellos llegaron a establecer que el otoño del año 1844 sería el tiempo del segundo advenimiento de Cristo. Una sola palabra llevó a muchos creyentes sinceros a errar, cayendo en el pecado de presunción al decir lo que Dios nunca les reveló.

Estos setenta sietes o semanas de años nada tienen que ver con la Iglesia, ya que la misma, en el Antiguo Testamento, era un misterio. Tampoco han sido señalados para las naciones gentiles. El ángel le dijo a Daniel: «Setenta semanas están determinadas sobre tu pueblo y sobre tu santa ciudad.» El pueblo de Daniel era los judíos y la santa ciudad era Jerusalén.

Muchos comentaristas en profecía y escatología señalan períodos de setenta sietes que Dios ha separado para cumplir ciertos propósitos con Israel. El fallecido escatólogo, Gordon Lindsay, llegó a la conclusión de que había cuatro períodos de setenta semanas o setenta sietes: (1) Desde el nacimiento de Abraham hasta el Éxodo se cuentan 505 años; si le restamos los 15 años que Ismael estuvo con Abraham tenemos 490 años. (2) Desde el Éxodo hasta la dedicación del templo bajo Salomón contamos 604 años; si le restamos el tiempo de opresiones, que se registra en el libro de los Jueces, de 114 años, el resultado será 490 años. (3) Desde el rey Saúl hasta el decreto de Ciro se cuentan 560 años. Si a eso le restamos los 70 años de la cautividad tenemos 490 años. (4) Finalmente, los setenta sietes de Daniel 9:24-27.[6]

En estos setenta sietes de años, Gabriel le revela a Daniel que Dios cumpliría seis propósitos o daría seis bendiciones a Israel:

177

A. «Para terminar la prevariación.» La Biblia de Jerusalén explica «para poner fin a la rebeldía». Esto habría de cumplirse tan pronto el tiempo del exilio babilónico terminará. Israel había transgredido la ley de Dios, no cumpliendo con los años sabáticos para la tierra. Los setenta años del cautiverio habían dado descanso a la tierra. El pecado de Israel era nacional. En la oración de Daniel esto se hace evidente.

B. «Y poner fin al pecado.» La Biblia de Jerusalén lee «para sellar los pecados». Dios perdonó el pecado nacional de Israel permitiéndoles regresar de su cautiverio babilónico. El «sellar los pecados» señala más allá que una transgresión nacional, mira a Israel como una nación que ha pecado contra Dios de muchas maneras. El único que puede «sellar los pecados» es Cristo mediante su obra completa de la expiación.

C. «Y expiar la iniquidad». En la Biblia de Jerusalén se nos dice «para expiar la culpa». Esta obra expiatoria se realizaría por el Cordero de Dios y no por los corderos típicos establecidos bajo la ley. Sólo el Señor Jesucristo satisfacería las demandas divinas, y mediante su sangre cubriría para siempre toda culpa e iniquidad.

D. «Para traer la justicia perdurable.» Una vez más leemos en la Biblia de Jerusalén «para instaurar la justicia eterna». Esta justicia no es por obras o méritos humanos, no nace en el hombre. Es de Dios en su origen y aplicación. Es Dios mismo quien se la imputa al hombre, dándosela por gracia. El hombre la recibe por fe, entrando a una justa relación con Jesucristo. La justicia divina, en su propósito, es eterna.

E. «Y sellar la visión y la profecía.» Aquí se alude tanto a un ministerio, «la profecía», como a uno de los medios sobrenaturales para capacitar a los profetas, «la visión». Dios habría de llevar a cumplimiento todas las visiones y profecías que a Israel se le habían dado bajo el Antiguo Testamento. Todas las profecías, un día, se han de cumplir al pie de la letra.

F. «Y ungir al Santo de los santos.» El Santo de los santos que aquí se hace referencia sólo puede ser Cristo. Elvis L. Carballosa opina que esta bendición o propósito debe relacionarse con el templo desde el cual se adorará en el reino glorioso del Mesías.[7] Según Carroll este ungimiento aquí presentado es el de un lugar santo y no el de una persona; en su análisis concluye que se cumplió con el ungimiento de la Iglesia en el día de Pentecostés.[8] La opinión más defendida es la que comenzamos postulando en relación con el Señor Jesucristo. Este ungimiento se pudo cumplir en el bautismo de Jesús por el Bautista (Mateo 3:13-17; Isaías 42:1, 61:1; Hechos 10:38).

Antes de que todos estos propósitos se cumplan o se hagan una realidad en la experiencia de Israel el último siete o semana tendrá que ser revelado. Es un hecho que todo ya comenzó a cumplirse desde que los judíos retornaron de Babilonia, en la muerte expiatoria en la cruz del Calvario, finalmente, en la segunda venida del Mesías y en el establecimiento del reinado milenial.

3. *Los setenta sietes* (verso 27). Ésta es una de las profecías más completas y a la misma vez más resumida de la Biblia. El cumplimiento se remonta a la época posbabilónica y se extiende hasta los días finales del dominio gentil. Abarcan un período exacto de 490 años.

> Versículos 25-26: «*Sabe, pues, y entiende, que desde la salida de la orden para restaurar y edificar a Jerusalén hasta el Mesías Príncipe habrá siete semanas y sesenta y dos semanas; se volverán a edificar la plaza y el muro en tiempos angustiosos. Y después de las sesenta y dos semanas se quitará la*

179

vida al Mesías, mas no por sí, y el pueblo de un príncipe que ha de venir destruirá la ciudad y el santuario, y su fin será con inundación y hasta el fin de la guerra durarán las devastaciones.»

Pentecost afirma que las setenta semanas son importantes porque: (1) Establecen el método literal de interpretación de la profecía. (2) Demuestran la verdad de las Escrituras. (3) La profecía sostiene el punto de vista de que la Iglesia es un misterio que no fue revelado en el Antiguo Testamento. (4) Esta profecía nos da la cronología divina de las profecías.[9]

A. *«Desde la salida de la orden para restaurar y edificar a Jerusalén... habrá siete semanas... se volverán a edificar la plaza y el muro en tiempos angustiosos.»*

Las primeras siete semanas. (1) Se daría un decreto. (2) Ese decreto les permitiría a los judíos restaurar y edificar a Jerusalén. (3) Con particularidad se edificarían la plaza y el muro. (4) Ese tiempo de edificación será dificultoso. (5) Nada se menciona de la reconstrucción del templo.

¿Qué decreto es éste? En la Biblia encontraremos cuatro decretos principales que de alguna manera indican alguna obra de reconstrucción en Jerusalén:

1. El de Ciro el persa en su primer año de reinado en Babilonia (536 a. C.). Sobre esto léase los siguientes pasajes bíblicos: Esdras 1:14, 4:7-24, 1:1-3, 6:14; Isaías 44:28.

Bajo este decreto se comenzó la reedificación de la ciudad de Jerusalén y la reconstrucción del templo, pero no se terminó (Esdras 4:17-24). La profecía de Daniel señalaba la edificación del muro; en este decreto de Ciro nada se dice del mismo.

2. El de Darío Histapis durante su segundo año de reinado (519 a. C.). La base bíblica está registrada en Esdras 5:24, 6:12. La reconstrucción del templo y su dedicación se realizó en el año 515 a. C. (Esdras 6:15-18). En este decreto nada se nos dice del muro.[10]

3. El de Artajerjes Longimano en su séptimo año de reinado (457 a. C.). Léase en Esdras 7:11-26. A este rey se le llamaba Longimano, porque era muy largo de brazos y manos. Éste no fue un decreto para construir. El propósito era más bien el concederle a Esdras el derecho a ir a Jerusalén para adorar en el templo, que ya había sido reconstruido.

4. El de Artarjerjes Longimano en su vigésimo año de reinado (445 a. C.). El pasaje bíblico para corroborar esto está en Nehemías 2:1-20. Éste es el único decreto que está de acuerdo con Daniel 9:25. En este capítulo 2, Nehemías pidió al rey permiso para terminar la construcción de la ciudad de Jerusalén (Nehemías 2:1-10). A los tres días de su llegada a Jerusalén salió de noche a ver la ruina de los muros (Nehemías 2:11-16). Esto lleva a que el profeta tome la resolución de reconstruir los muros de Jerusalén (Nehemías 2:17-20). En Nehemías 3 la obra de reconstrucción se comienza. En los capítulos 4, 5 y 6:1-14 se presenta la oposición o «tiempos angustiosos». Finalmente, en el capítulo 6:15-19 se concluye la reconstrucción del muro de Jerusalén. La fecha fue a comienzos del mes de octubre del año 445 a. C.[11]

Según Nehemías 6:15 la reconstrucción del muro tomó «cincuenta y dos días». La evidencia bíblica atestigua que el muro se finalizó en 1 mes y 22 días. El trabajo completo de la ciudad se terminó para el año 396 a. C. Esto verifica la profecía de los siete sietes o 49 años.

B. «Y después de las sesenta y dos semanas se quitará la vida al Mesías, mas no por sí.»

Esta segunda división es sesenta y dos sietes que habrían de llevar a algún tiempo en la vida del Mesías. No se necesita entrar en análisis proféticos para demostrarse que este Mesías es el «siervo», el «varón de dolores», el «herido», el «afligido», el «angustiado» de Isaías 52:13, 53:12. Es también el que «ungió Jehová» en Isaías 61:1-2 y el «que viene de Edom, de Bosra, con vestidos rojos» mencionado en Isaías 63:1-6. Con razón al libro de Isaías se le conoce como «el proto-evangelio».

Después de contarse los primeros siete sietes de años o 49 años habría que sumarles otros sesenta y dos sietes de años o 434 años. El resultado sería 483 años. La época de la aparición del Mesías fue claramente profetizada. A partir del año 445 a. C. se contarían sesenta y nueve sietes o 483 años. ¡Cuán maravillosa es la cronología bíblica!

¿Cómo deben, entonces, calcularse estos años proféticos? La respuesta sería en años de 360 días. Los meses proféticos son de 30 días y los años de 360 días (Daniel 9:27, 7:24-25; Apocalipsis 12:13-14, 12:6, 13:4-7). Según el relato del libro de Génesis, las cataratas de los cielos se abrieron en el mes segundo (mayo), siendo el día 17 (Génesis 7:11). Luego, el arca se posó sobre el monte Ararat el 17 del séptimo mes o octubre (Génesis 8:4). Si contamos desde el día 17 de mayo hasta el 17 de octubre encontramos 5 meses o 153 días. Los meses de mayo, julio y agosto son de 31 días. En Génesis 7:24 leemos: «Y prevalecieron las aguas sobre la tierra ciento cincuenta días.» Esto indica meses de 30 días.

Si tomamos los 483 años de los sesenta y nueve sietes y los multiplicamos por 360 días (año profético), el resultado sería 173.880 días. Ahora dividamos los 173.880 entre 365 días (el año nuestro); el resultado es 476 años. El próximo paso es multiplicar 476 por 365 para ver si nos sobra algo. ¿Cuánto nos sobraría? La multiplicación (476 × 365) es 173.740. Notemos que estamos cortos por 140 días. ¿Cómo se resolvería esto?

Sir Robert Anderson resolvió esto calculando que en los 476 años contamos 116 días bisiestos. La suma sería 173.856 días; para completar los 173.880 faltarían 24 días. Una vez más él resuelve esto contando que del 14 de marzo al 6 de abril tenemos 24 días. Según la entrada triunfal de Cristo, fue el 6 de abril del año 32 d. C.[12]

Otra manera de resolver esta problemática es tener en cuenta que realmente nuestros años son de 365 ¼ días y cuarto. La multiplicación de 365 ¼ por 476 más la suma de días bisiestos, de alguna manera nos llevaría a alguna etapa del ministerio de Cristo.

Versículo 26: «*Y el pueblo de un príncipe que ha de venir destruirá la ciudad y el santuario, y su fin será con inundación.*»

La profecía pasa entonces a decir que después que se cumplieran los sesenta y nueve sietes o semanas, la ciudad de Jerusalén y su templo serían nuevamente destruidos. El templo judío había sido destruido en el año 586 a. C. bajo Nabucodonosor; en el año 515 a. C. volvió a ser reconstruido y dedicado. En el año 167 a. C. Antíoco Epífanez desoló el templo judío; en el año 164 a. C. Judas Macabeo lo volvió a restaurar y lo rededicó. Una vez más el templo habría de ser desolado y destruido.

El «pueblo» que aquí se alude es Roma. El «príncipe que ha de venir» es Tito, el hermano de Domiciano e hijo de Vespasiano. Los tres llegaron a ser césares romanos. En el tiempo de la toma de Jerusalén Vespasiano ocupaba el puesto de emperador o césar.

El relato de Josefo, quien sirvió como general judío

bajo la revolución en la época de Nerón y que posteriormente desertó para servir bajo Vespasiano y Tito, es uno de los más completos sobre el sitio a Jerusalén, los muros tomados, el templo quemado y la ciudad tomada.

Según el relato de Josefo Tito trató de negociar con los judíos para que depusieran las armas. Josefo mismo fue usado como mediador, exponiendo su vida al ser herido por los mismos compatriotas. Antes de quemar el templo, Tito reunió a sus seis generales principales. La discusión giró en torno si se debía quemar o no el santuario (templo). La opinión estaba dividida, algunos deseaban que la ley de la guerra se aplicara y que el templo fuera quemado. Otros sólo estaban de acuerdo en quemar el templo si se usaba como un fuerte militar.

En contra del deseo de Tito, el templo fue puesto en llamas el día 10 de «loos» (agosto) del año 70 d. C. Miles murieron en el templo o sus inmediaciones quemados o sofocados por el humo. En la parte de fuera del templo unos 6.000 judíos (mujeres, niños y otros ciudadanos) buscaron refugio. Un falso profeta les había profetizado que fueran al templo a refugiarse y tendrían su liberación. Antes de que Tito tomara la decisión ya sus soldados habían convertido aquel lugar en una pira humana, un verdadero holocausto.

A los cuatro días, los sacerdotes, cansados, hambrientos, vinieron a Tito pidiendo un armisticio, el cual se rechazó. El tiempo de clemencia había terminado. Después de un florido discurso Tito les dio órdenes a sus hombres de quemar y destruir la ciudad completa. Lo que le importaba ahora eran los derechos romanos y la victoria.

Tito ordenó que los resistentes entre los hombres fueran muertos sin clemencia. El resto sería tomado como prisioneros. Los más altos y bien parecidos de entre los jóvenes formarían parte de su procesión triunfal. Los mayores de diecisiete, en cadenas, serían tomados como esclavos y enviados a Egipto. Otros serían usados en los circos romanos, pereciendo bajo el filo de las espadas o despedazados por las hambrientas fieras. Aquellos menores de diecisiete años fueron vendidos como esclavos. Unos 11.000 murieron por la falta de comida; 1.100.000 fueron las bajas entre los judíos y 97.000 fueron hechos prisioneros. Esas muertes fueron el resultado del fuego, las armas romanas, la pestilencia por los muertos, el hambre y suicidios. Josefo menciona unos 2.000 que perecieron por sus propias manos, o a manos de otros, y por el hambre.[13]

Es muy interesante el saber que Jesús mismo había profetizado el sitio de Jerusalén, la gran mortandad que habría y la esclavitud a la cual serían sometidos (Lucas 21:20-24). Jerusalén, una vez, volverá a estar hollada por los gentiles en los días finales (Apocalipsis 11:2).

Versículo 26: «*Y hasta el fin de la guerra durarán las devastaciones.*»

Aquí encontramos otro de los grandes paréntesis de la profecía. En inglés se le denomina «gap». Éste es un período indeterminado. La duración no se sabe hasta cuándo será. La Biblia tiene muchos de estos «gaps» proféticos: (1) Isaías 61:1-2, cf. Lucas 4:18-19. Ese «año de la buena voluntad de Jehová» se cumplió en la sinagoga de Nazaret, pero «el día de la venganza del Dios nuestro» es todavía futuro (1.ª Tesalonicenses 1:7-10). (2) Oseas 5:11 cf. Oseas 6:1. (3) Salmo 110:1, cf. 110:2. Desde la destrucción de Jerusalén en el año 70 d. C. hasta que comience la semana setenta o el setenta siete durará este paréntesis.

C. «Y por otra semana confirmará el pacto con muchos; a la mitad de la semana hará cesar el sacrificio y la ofrenda. Después, con la muchedumbre de las abominaciones, vendrá el desolador, hasta que venga la consumación y lo que está determinado se derrame sobre el desolador.»

Éste es el último siete de los setenta sietes. Como ya hemos visto, su cumplimiento es futuro. Con el sesenta y nueve sietes cumpliéndose en el Mesías, los 490 años fueron interrumpidos. En la cronología presentada por Gordon Lindsay es evidente que los cuatro períodos de setenta sietes han de tener sus interrupciones, incluyéndose a este último. Después de la revelación de Cristo a la nación de Israel Dios dejó de tratar con la misma para tratar con la Iglesia, la cual era un ministerio en el Antiguo Testamento. Cuando Dios termine de tratar con la Iglesia, nuevamente volverá a tratar con Israel en esos siete años finales de la profecía. Será entonces cuando los seis propósitos de Daniel 9:24 se harán una realidad para esta nación.

Sobre esta última semana o siete se han desarrollado algunas escuelas de interpretación; brevemente quisiera discutir las mismas:

1. **La interpretación macabea.** Según lo enseñado por sus simpatizadores, las setenta semanas hay que comenzarlas a contar desde el año 606 a. C. o 586 a. C., según lo profetizado por Jeremías 25:11. El Mesías de Daniel 9:26 no es Cristo, sino el sumo sacerdote Onías III, que fue muerto violentamente en el año 171 a. C. Por lo tanto, lo dicho en Daniel 9:26b y 27 se cumplió bajo la persecución de Antíoco Epífanez a los judíos. Esta interpretación nos aleja de la cronología bíblica. Si al año 606 le restamos 490 el resultado es 116. Si al año 586 le hacemos la misma resta llegaríamos al año 96. En ambos casos nos aleja demasiado de la

época macabea o del reinado de Antíoco Epífanez.[14]

2. La interpretación macabeo-mesiánica. En Daniel 9:26 y 27 esta teoría ve a Onías III y a las persecuciones seleucidas. Para ellos Onías III es un tipo del Mesías escatológico y de su salud mesiánica. Ellos alegorizan la numerología de los setenta sietes para sostener que el propósito es enseñar dos períodos: uno simbólico-mesiánico y el otro de salud mesiánica. Por sí sola esta escuela cae en su interpretación.

3. La interpretación mesiánica. Esta escuela enseña que las setenta y nueve semanas se cumplieron con el Mesías de Daniel 9:26. Por otro lado, sostienen que Daniel 9:27 se refiere al mismo Mesías que confirmará un pacto por la semana setenta y a la mitad de la misma pondrá fin al sacrificio y a la ofrenda con su muerte. Ellos afirman que esto se cumplió con la muerte expiatoria del Señor Jesucristo. Por lo tanto, las setenta semanas o los setenta sietes o los 490 años ya se cumplieron. No hay que añadirle nada más a la profecía. El propio método literal de interpretación que sostiene la profecía escatológica desmiente esta escuela de interpretación.

4. La interpretación mesiánica-escatológica. Esta escuela considera que la semana sesenta y nueve se cumplió con el Mesías, pero la semana setenta es todavía futura y se cumplirá cuando el anticristo escatológico haga un pacto con los judíos por siete años. A la mitad de ese pacto lo quebrantará, profanando el templo judío que ha de ser edificado, y sentándose en el templo se proclamará Dios (2.ª Tesalonicenses 2:4). De todas las escuelas que interpretan las setenta semanas, ésta es la más popular, la de más credibilidad, la más bíblica en su análisis y la más sostenida por eminentes escatólogos. En la interpretación de la misma se deja que la Biblia se constituya en su propio intérprete.

Notas bibliográficas

1. Biblia anotada de Scofield, léase la división que se presenta a Levítico 25 y 26.

2. Ibid., para estas fechas de la muerte de Jair y el comienzo de Jefte como juez nos hemos valido de Scofield.

3. Para una mejor comprensión léase el pasaje completo de Levítico 26:32-46.

4. Léase esta paráfrasis en el comentario que hace Scofield a Lucas 18:13.

5. Elena G. de White, *Seguridad y paz en el conflicto de los siglos*, pp. 372-377.

6. Gordon Lindsay, *God's plan of the ages*, pp. 131-161.

7. *Daniel y el Reino Mesiánico*, p. 208.

8. H. B. Carroll, *Daniel y el período intertestamentario*, pp. 158-159.

9. J. Dwight Pentecost, *Eventos del porvenir*, pp. 184-185.

10. Biblia de Jerusalén, léase el comentario a Esdras 6:15 para corroborar esta fecha.

11. Ibid., comentario a Nehemías 6:16.

12. Pentecost, ob. cit., p. 189.

13. Josefo, *The jewish war*, pp. 322-360.

14. Léase los comentarios a las setenta semanas que están al pie de la página en las versiones católicas Nacar-Colunga, Biblia de Jerusalén y Biblia latinoamericana.

10

La lucha angelical

Los capítulos 10, 11 y 12 son la última visión tenida por Daniel. Su contenido presenta una sola unidad. El capítulo 10 es introducción, el 11 es presentación, el 12 concluye. Pudiéramos también considerarlos como: el prólogo (10), la profecía (11-12:1-3) y el epílogo (12:4-13). Por lo tanto, al estudiar este capítulo 10 hay que tener en cuenta que el propósito del mismo es introductorio a los demás.

La ocasión (versículo 1)

Versículo 1: «*En el año tercero de Ciro, rey de Persia, fue revelada palabra a Daniel, llamado Belsasar, y la palabra era verdadera y el conflicto grande, pero él comprendió la palabra y tuvo inteligencia en la visión.*»

El año tercero de Ciro corresponde al 534 a. C. Por la historia sabemos que dos años antes Ciro había firmado un decreto concediéndoles a los judíos el derecho de retornar a Judá para reedificar el templo judío. Todo esto ocurriría en el año 536 a. C., el mismo año que se cumplieron los setenta años de la cautividad babilónica. El edicto de Ciro se menciona en Esdras 1:1-4; la preparación para el retorno (Esdras 1:5-11)); el pueblo que regresó (Esdras 2:1-35); los sacerdotes que regresaron (Esdras 2:36-39); los levitas que también regresaron (Esdras 2:40-54); los sacerdotes sin genealogía (Esdras 2:61-63); el total de los que regresaron (Esdras 2:64-65) y sus posesiones y ofrendas (Esdras 6:66-70).

El profeta Isaías, más de 160 años antes de Ciro haber dado aquel decreto, ya había profetizado sobre el mismo, llamando a Ciro por su nombre:

> «*Que dice de Ciro: Es mi pastor y cumplirá todo lo que yo quiero, al decir a Jerusalén: Serás edificada, y al templo: Serás fundado. Así dice Jehová a su ungido, a Ciro, el cual tomé yo por su mano derecha para sujetar naciones delante de él y desatar lomos de reyes, para abrir delante de él puertas, y las puertas no se cerrarán... Por amor de mi siervo Jacob y de Israel, mi escogido, te llamé por tu nombre; te puse sobrenombre, aunque no me reconociste*» (Isaías 44:28, 45:1-4).

Esta profecía sobre Ciro es maravillosa. A él Dios lo llama «mi pastor» y «su ungido». Ambas palabras son títulos mesiánicos aplicados al Señor Jesucristo. En este particular, Ciro es el único gentil que se convierte en un tipo del Mesías. Esa tipología, Scofield la enumera en tres comparaciones: (1) Ambos conquistarían los enemigos de Israel (Isaías 45:1; Apocalipsis 19:19-21). (2) Los dos restaurarían la ciudad de Jerusalén (Isaías 44:28; Zacarías 14:1-11). (3) Dios glorificaría su nombre a través de ellos (Isaías 45:6; 1.ª Corintios 15:28).[1]

La edad de Daniel en el tercer año de Ciro era de

noventa y dos años. En Daniel 1:21 leemos: «Y continuó Daniel hasta el año primero del rey Ciro.» Si alguna relación tenemos que establecer entre estos dos versículos sería: (1) Daniel vio a los judíos cuando retornaron a Judá. (2) Daniel vivió más allá del primer año de Ciro.

Lo más probable es que Daniel, ya por su edad, estaba retirado de las funciones gubernamentales. El énfasis que él pone en su nombre caldeo «Belsasar» es con el propósito de no crear dudas en los lectores en cuanto a su identidad.

En este primer versículo Daniel se introduce en tercera persona, en la narración que sigue habla de «yo, Daniel» (versículos 2,7). El profeta nos ofrece una resumida introducción, al contenido, completa de esta visión, que, como ya hemos referido, abarca tres capítulos. Notemos las palabras: «pero él comprendió la palabra y tuvo inteligencia en la visión». La «palabra» se refiere a lo expresado por los ángeles en estos capítulos. La «visión» es todo aquello que vio, oyó y sintió Daniel.

La preparación (versículos 2-3)

En estos versículos encontramos a Daniel en un ayuno de veintiún días, en el cual se abstuvo de ciertos alimentos, como carnes y vino. Es muy probable que ingirió otros manjares sencillos, como frutas o, quizá, vegetales, y que bebería agua. Daniel era un creyente muy espiritual, oraba y ayunaba con mucha regularidad. Sin la debida preparación espiritual difícilmente tendremos experiencias profundas con Dios. La edad no fue excusa para que Daniel dejara de ayunar. Quizás en su juventud se podía abstener de toda clase de alimento; ahora, anciano, necesita comer algo, pero se priva de lo que le gustaba para ingerir algo que lo sostuviera. No importaba cuál fuera el ayuno que empleara; Daniel buscaba la presencia divina. Los ancianos como Daniel son una inspiración a nuestras vidas.

El lugar (versículo 4)

Versículo 4: «Y el día veinticuatro del mes primero estaba yo a la orilla del gran río Hidekel.»

El río Hidekel corresponde al río Tigris. El mes primero es Nisan o abril. Durante ese mes los judíos celebraban y aún celebran dos fiestas importantes: (1) La de Pascua, el día 14. (2) La de los panes sin levadura, los días 15 al 21.

Daniel, en ayuno, celebraba las festividades judías. En el versículo 7 vemos que estaba acompañado por un grupo de hombres que presumiblemente podían ser judíos. Ellos, al igual que Daniel, nunca regresaron del exilio; la razón puede deberse a la edad avanzada que el profeta tenía. Ya Daniel había terminado su ayuno de tres semanas; tres días después Dios tenía para él una gloriosa revelación. Los resultados vienen después de terminarse los ayunos. He conocido muchos evangelistas que me han expresado: «Después de haber terminado los ayunos Dios me ha estado usando de manera poderosa.»

La teofanía (versículos 5-9)

Versículos 5-6: «Y alcé mis ojos y miré, y he aquí un varón vestido de lino y ceñidos sus lomos de oro de Ufaz. Su cuerpo era como de berilo y su

192

rostro parecía un relámpago y sus ojos como antor-
chas de fuego y sus brazos y sus pies como de color
de bronce bruñido y el sonido de sus palabras como
el estruendo de una multitud.»

El término teofanía se refiere a una manifestación del logos en el Antiguo Testamento; manifestación que se hace posible en la figura de un ángel. Estas teofanías pueden ser llamadas también cristofanía, pre-manifestación de la segunda persona de la trinidad o visión de Cristo.

Según la opinión sostenida por muchos escatólogos, bibliólogos y teólogos, en estos vesículos de Daniel 10:5-6 se presenta un ejemplo tácito de lo que es una teofanía o cristofanía. Entre este pasaje y Apocalipsis 1:13-15 hay un paralelo asombroso:

Daniel 10:5-6	*Apocalipsis 1:13-15*
«Vestido de lino.»	«Vestido de una ropa que llegaba hasta los pies».
«Ceñidos sus lomos de oro de Ufaz.»	«ceñido por el pecho con un cinto de oro».
«Sus ojos como antorchas de fuego.»	«sus ojos como llama de fuego».
«Sus pies como color de bronce bruñido.»	«sus pies semejantes al bronce bruñido».
«El sonido de sus palabras como el estruendo de una multitud.	«su voz como estruendo de muchas aguas».

La dificultad con establecer que este personaje celestial es una cristofanía es que forzosamente se tiene que establecer que quien habla a Daniel en los versículos 10 al 21 es un ángel diferente al de la cristofanía.

Scofield, por su parte, dice: «Los versículos 10 al 15 hablan de un ángel. La teofanía sigue con el verso 16.»[2]

La narración completa del capítulo 10 da la impresión de que se está aludiendo a un solo ángel y no a una cristofanía con un ángel, aunque no negamos la posibilidad de ambas cosas. Scofield pone a un ángel a hablar (Daniel 10:11-14) y a Cristo también (Daniel 10:19-21). Más adelante veremos la discrepancia que esto incurre.

> Versículos 7-9: «*Y sólo yo, Daniel, vi aquella visión, y no la vieron los hombres que estaban conmigo, sino que se apoderó de ellos un gran temor y huyeron y se escondieron. Quedé, pues, yo solo, y vi esta gran visión, y no quedó fuera en mí, antes mi fuerza se cambió en desafallecimiento y no tuve vigor alguno. Pero oí el sonido de sus palabras, y al oír el sonido de sus palabras caí sobre mi rostro en un profundo sueño, con mi rostro en tierra.*»

En estos versículos se establecen algunos puntos: (1) Daniel estaba acompañado. (2) La visión celestial sólo él la vio. (3) Los que estaban con él, llenos de temor, huyeron a esconderse. (4) Él llama «gran visión». (5) Perdió sus fuerzas. (6) Oyó el sonido de sus palabras, pero no lo entendió. (7) Le dio sueño.

La experiencia de Daniel parece repetirse, aunque no del todo, en las experiencias tenidas por Pablo y Juan:

1. La experiencia de Pablo (Hechos 9:1-18, 22:1-16, 26:9-18). (1) Saulo de Tarso estaba acompañado (Hechos 22:9). (2) La visión celestial sólo él la vio (Hechos 22:9). (3) Los acompañantes se llenaron de temor (Hechos 22:9). (4) Saulo sintió el impacto físico de la revelación de Cristo (Hechos 9:6).

194

2. La experiencia de Juan (Apocalipsis 1:17). (1) Juan vio la visión de Cristo solo. (2) Perdió sus fuerzas. (3) Cayó dormido.

Los que enseñan la cristofanía de Daniel 10:5-6 encuentran apoyo para su postura en el paralelismo que ya presentamos. Es decir, la manifestación de Cristo a Saulo y a Juan los afectó, por lo tanto, el efecto experimentado por Daniel se debe al hecho de que también había visto al Cristo pre-encarnado.

La angelofanía (versículos 10-21)

Muchos seres humanos han podido ver ángeles. Los ángeles son invisibles a la vista humana, pero en muchos casos Dios le ha permitido a muchos humanos entrar en contacto con estos seres celestiales. Los ángeles han protegido a misioneros, siendo vistos por los enemigos de aquellos como soldados con espadas. Son muchos los niños que en medio de un desastroso accidente han sido socorridos por ángeles. Algunos creyentes han testificado haber montado en sus automóviles personas cuyas palabras y extraña desaparición sólo se puede asociar con ángeles. Personas en lugares solitarios han tenido la compañía de visitantes desconocidos que así como aparecieron misteriosamente luego desaparecieron.

Ann Wedgeworth, en su libro *Magníficos visitantes*, relata muchos casos de personas que han estado con ángeles. Nos menciona cómo muchos creyentes moribundos han testificado de la presencia de los ángeles que les han venido a buscar.

El doctor Billy Graham es un gran defensor del ministerio de los ángeles en esta dispensación y en los días en los cuales vivimos. De su propia experiencia él nos dice: «Como evangelista, a menudo me he sentido demasiado agotado para predicar... En muchas ocasiones Dios se me ha hecho real y ha enviado a sus invisibles mensajeros angélicos a tocar mi cuerpo para que yo pueda presentar el mensaje del cielo y hablar como mortal a los mortales. Quizá no siempre nos percatemos de la presencia de los ángeles. No siempre podremos predecir cuándo aparecerán. Pero se ha dicho que los ángeles son vecinos nuestros. A menudo nos hacen compañía y no nos percatamos de su presencia. Poco sabemos de su constante ministerio.»[3]

Es tan fascinante este tema que quisiéramos continuar desarrollando el mismo, pero tenemos que volver a nuestro tópico. Daniel ha sido uno de los creyentes privilegiados por haber visto ángeles, hablar con ángeles, escuchar a ángeles, ser tocado por ángeles y recibir la protección de ángeles.

Los enemigos críticos del libro de Daniel, que niegan su autenticidad, afirman que la angeleología del libro de Daniel está muy avanzada para ubicar el escrito del mismo en el siglo VI. Este desarrollo angeleológico es característico de la época macabea. Un estudio a la angeleología antiguotestamentaria atestigua que el desarrollo de la misma se evidencia desde el mismo libro del Génesis.

Versículo 10: «*Y he aquí una mano me tocó e hizo que me pusiese sobre mis rodillas y sobre las palmas de mis manos.*»

Daniel había caído en un profundo sueño. Un ser angelical, presumidamente el mismo de los versículos 5 y 6, lo toca con su mano. Los ángeles, aunque son espíritus, poseen cuerpos espirituales (1. Corintios 15:40). Ellos tienen la capacidad de hacerse visibles a los ojos humanos y de asumir una manifestación tangible y física, de tal manera que pueden pasar desaper-

196

cibidos entre los seres humanos. Esta manifestación corporal y física de los ángeles es lo que llamamos anfelofanía. Al ser Daniel tocado por el ángel se levantó para quedarse apoyado en las rodillas y en las palmas de las manos, en una posición de «gatear».

Versículos 11-12: «*Y me dijo: Daniel, varón muy amado, estate atento a las palabras que te hablaré y ponte en pie, porque a ti he sido enviado ahora. Mientras hablaba esto conmigo me puse en pie temblando. Entonces me dijo: Daniel, no temas, porque desde el primer día que dispusiste tu corazón a entender y a humillarte en la presencia de tu Dios fueron oídas tus palabras y a causa de tus palabras yo he venido.*»

En Daniel 8:16 el ángel que vino a explicarle al profeta la visión del carnero y el macho cabrío fue Gabriel. En Daniel 9:20-27 el ángel que vino a declararle al profeta lo de las setenta semanas fue Gabriel. Lo más correcto sería identificar a esta angelofanía con Gabriel.

A la orden del ángel Daniel se puso de pie. El ángel anima al anciano profeta diciéndole: «no temas». Luego le declara que desde el primer día de los veintiún días, cuando Daniel se presentó en ayuno y ruego delante de Dios, su oración había llegado a la presencia del Altísimo. Esa oración fue un telegrama con destino al cielo. En respuesta a esa oración, Dios, entonces, envió a este ángel.

Versículo 13: «*Mas el príncipe del reino de Persia se me opuso durante veintiún días, pero he aquí Miguel, uno de los principales príncipes, vino para ayudarme y quedé allí, con los reyes de Persia.*»

197

La expresión «el príncipe del reino de Persia se me opuso» ha dado lugar a dos escuelas de interpretación:

1. Ese príncipe, según una escuela, tenía que ser Ciro. Según Adam Clarke, ese príncipe era Ciro y el tiempo de la oposición puede referirse a que se demoró en la construcción del templo. La misión de Gabriel era convencer y lograr que Ciro acatara la voluntad de Dios para su pueblo. Ese trabajo lo atareó tres semanas, hasta que vino Miguel a relevarlo.[4] Esta interpretación cae por su propio peso.

2. Ese príncipe era un agente demoniaco que trataba de influenciar en las decisiones políticas y gubernamentales de Persia. Su misión era entorpecer cualquier plan que Dios deseara que se desarrollara para beneficio de los judíos.

El mismo momento cuando Gabriel descendía del cielo con la respuesta o la profecía para Daniel, se vio impedido porque tuvo que ir a Persia para enfrentarse a este ángel demonio que influenciaba contra Ciro. La lucha le tomó a Gabriel tres semanas. Ésa fue la razón para la demora a la contestación de la oración hecha por Daniel.

Ese conflicto entre el ángel de Dios y el ángel de Satanás parecía que nunca iba a terminarse. El día veintiuno se estaba cumpliendo. Daniel estaba terminando su ayuno. A Gabriel le llega un refuerzo, nada menos que el arcángel Miguel (Judas 9). La lucha entre Miguel y Gabriel contra este arconte demoniaco se prolongó unos tres días más. Por tal razón fue que Gabriel llegó donde Daniel «el día veinticuatro del mes primero» (10:4).

Gabriel le dice a Daniel: «y quedé allí con los reyes de Persia». O sea, influenciado sobre el gobierno o gabinete de Ciro. Esto indica que los ángeles de Dios tienen una misión que abarca todas las esferas individuales, sociales, nacionales e internacionales del ser hu-

198

mano. Por otra parte Satanás hace todo lo posible por contrarrestar los planes de Dios.

El nombre de Miguel viene del hebreo «Mikael», cuyo significado es «¿quién es como Dios?» o «el que es como Dios». Los testigos de Jehová afirman que Miguel y Cristo son el mismo personaje. Leamos lo que opina Urias Smith: «... el arcángel es el Hijo de Dios y el arcángel se llama Miguel, de lo cual se desprende que Miguel es el Hijo de Dios».[5]

Es absurdo ver a Miguel como Cristo. El primero es creado, el segundo es increado. Aunque en 1.ª Tesalonicenses 4:16 se nos dice que el Señor vendrá «con voz de mando, con voz de arcángel», esto no significa que Cristo es Miguel o que Miguel es Cristo. Lo que sí podemos entender es que Miguel estará asociado con el rapto de la Iglesia, dirigiendo a los ejércitos angelicales en tan magno evento.

En el libro de Daniel, a Miguel se le conoce como: «uno de los principales príncipes» (10:3), «vuestro príncipe» (10:21) y «el gran príncipe» (12:1). Es el único ángel que en la Biblia se le llama «arcángel» (Judas 9). En Apocalipsis 12:7 leemos: «Después hubo una gran batalla en el cielo: Miguel y sus ángeles luchaban contra el dragón, y luchaban el dragón y sus ángeles.» Todo esto nos permite entender el grado especial que Miguel ocupa en la jerarquía angelical, su relación para con el pueblo judío, su liderazgo para dirigir los ejércitos celestiales en batalla contra Satanás y su ejército de ángeles malos.

Versículo 14: *«He venido para hacerte saber lo que ha de venir a tu pueblo en los postreros días, porque la visión es para esos días.»*

Las profecías de los capítulos 11 y 12 son exclusivamente para el pueblo al cual perteneció Daniel, los judías. La expresión «los postreros días» indica el cumpimiento futurístico y escatológico de la profecía.

En los versículos 15 al 19 se nos presenta una escena muy dramática. Daniel, después de haberse levantado, volvió a caer en tierra y no podía hablar (verso 15). Por segunda vez es tocado por el ángel Gabriel. La primera vez leemos: «una mano me tocó» (10:10). La segunda vez se nos dice: «tocó mis labios». Daniel y el ángel entran en un diálogo.

> Versículos 16-19: «*Pero he aquí, uno con semejanza de hijo de hombre tocó mis labios. Entonces abrí mi boca y hablé y dije al que estaba delante de mí: Señor mío, con la visión me han sobrevenido dolores y no me queda fuerza. ¿Cómo, pues, podrá el siervo de mi señor hablar con mi señor? Porque al instante me faltó la fuerza y no me quedó aliento. Y aquel que tenía semejanza de hombre me tocó otra vez y me fortaleció. Y me dijo: Muy amado, no temas; la paz sea contigo; esfuérzate y aliéntate. Y mientras él me hablaba recobré las fuerzas y dije: Hable, mi señor, porque me has fortalecido.*»

La visión de Gabriel volvió a quitarle las fuerzas a Daniel. Quizá debido a su ancianidad, el profeta comenzó a sentir dolores. No se sentía en el ánimo de dialogar con Gabriel. La palabra «señor» es una manera de Daniel mostrar respeto hacia Gabriel. Los ángeles infunden respeto cuando se manifiestan. El apóstol Juan fue tan impresionado por un ángel que sintió deseos de adorarlo y aquél lo tuvo que reprender (Apocalipsis 19:10, 22:8-9). La adoración a los ángeles y el culto a los mismos está prohibida en la Biblia (Colosenses 2:18).

Nótese los síntomas presentados por Daniel: «me han sobrevenido dolores», «y no me queda fuerza», «me faltó la fuerza» y «no me quedó aliento». En su físico se sentía completamente extenuado y falto de respiración. Siento una profunda admiración por este anciano, que en medio de sus debilidades físicas sabía buscar a Dios.

Por tercera vez el ángel tocó a Daniel (10:8). Necesitó tres toques del visitante celestial. Notemos lo que expresa el profeta, «y me fortaleció». Ése es el ministerio de los ángeles para con los que están cansados, se quedan sin fuerzas y tienen que ministrar. ¿Cuántos ángeles de Dios me habrán tocado sin yo saberlo?

El ángel Gabriel le vuelve a repetir las mismas palabras: «muy amado» (10:11 cf. 10:19). Esto es otra evidencia de la manifestación de un solo ángel. Las palabras del ángel para Daniel son: «esfuérzate y aliéntate» (10:19). Fueron como una inyección de adrenalina. Esto me trae a la memoria las muchas veces que he estado con mi esposa en el Marble Collegiate Church, escuchando al doctor Norman Vincent Pearle en sus mensajes positivos. La gran necesidad de muchos creyentes es descanso y ánimo.

Versículo 20: *«Él me dijo: ¿Sabes por qué he venido a ti? Pues ahora tengo que volver para pelear contra el príncipe de Persia, y al terminar con él, el príncipe de Grecia vendrá.»*

La lucha entre Gabriel y el príncipe de Persia no había terminado. El conflicto entre estos ángeles, uno bueno y el otro malo, continuaría. Gabriel quiere que Daniel sepa que él ha de vencer a ese príncipe de Persia. Pero luego, en su tiempo, aparecerá otro ángel malo que influenciará sobre el gobierno de los griegos.

La idea que desprendemos de aquí es que cada nación está bajo la influencia de agentes buenos de parte de Dios y de emisarios malos de parte del «dios de este siglos». A esto se refirió Pablo cuando dijo:

> *«Porque no tenemos lucha contra sangre y carne, sino contra principados, contra potestades, contra los gobernadores de las tinieblas de este siglo, contra huestes espirituales de maldad en las regiones celestes»* (Efesios 6:12).

Satanás opera bajo una jerarquía bien organizada. En su organización tiene: principados, potestades, gobernadores y huestes espirituales. Todo esto está bajo su inmediata supervisión. La influencia satánica abarca imperios o principados, naciones o potestades, regiones o gobernadores y sobre toda organización del hombre, a huestes espirituales.

> Versículo 21: *«Pero yo te declararé lo que está escrito en el libro de la verdad, y ninguno me ayuda contra ellos, sino Miguel, vuestro príncipe.»*

El libro de la verdad se refiere a algún registro divino que Dios tiene sobre todos los eventos que han de suceder en la historia humana. En el cielo Dios tiene un registro de todo lo que hacen los hombres y de aquellos cuyos nombres están escritos porque son salvos (Apocalipsis 20:12). Parte de ese contenido Gabriel se lo revelaría a Daniel. Una vez más el ángel reconoce la ayuda que recibe de parte de Miguel en su conflicto contra los poderes del mal.

Notas bibliográficas

1. Biblia anotada de Scofield, *Comentario a Isaías 45:1*.
2. Ibid., nota a Daniel 10:10.
3. Billy Graham, *Los ángeles, agentes secretos de Dios*, p. 79.
4. Adam Clarke, *Comentario de la Santa Biblia*, II, p. 331.
5. Urias Smith, *Daniel*, p. 186.

11

La gran profecía sobre reyes

Este capítulo 11 de Daniel es uno de los más maravillosos en toda la revelación bíblica. Personalmente lo considero el más difícil. Para entenderlo hay que leerlo con un libro de historia que narre lo ocurrido en el período intertestamentario. La profecía de este capítulo se ha cumplido de manera tan detallada y exacta, que los críticos radicales que le niegan la autenticidad y la fecha al libro de Daniel sostienen que el autor del mismo vivió después de los eventos descritos.

En el siglo III de la era cristiana vivió un gran filósofo llamado Porfirio. En sus escritos atacaba el cristianismo y con ese fin escribió la colosal obra *Contra los cristianos*. Según la opinión de Porfirio, el referido autor, llamado Daniel, afirmaba que el autor del libro llamado Daniel, fue un farsante. En vez de profecía escribió historia; aunque escribía en tiempo futuro, según él había narrado lo que ya había ocurrido. El capítulo 11 de Daniel era toda la base que este filósofo anticristiano tenía para atacar a Cristo y al cristianismo.

El insensato filósofo no sabía que Dios conoce y determina la historia de antemano. La profecía es historia pre-contada. en el espíritu de la profecía Dios llevó a Daniel en un viaje a través de los siglos. Este capítulo 11 de Daniel es el mayor argumento en favor de la revelación divina y del cumplimiento de las profecías bíblicas. El Dios que ha hablado por profecía, que ha permitido que se cumpla en la historia, también intervendrá para que el resto de las profecías bíblicas se cumplan.

Los reyes persas (versículos 1-2)

Versículos 1-2: «*Y yo mismo, en el año primero de Darío el medo, estuve para animarlo y fortalecerlo. Y ahora yo te mostraré la verdad. He aquí que aún habrá tres reyes en Persia y el cuarto se hará de grandes riquezas más que todos ellos, y al hacerse fuerte con sus riquezas levantará a todos contra el reino de Grecia.*»

El primer versículo demuestra la continuidad del capítulo 10. El que dice «y yo mismo» no es otro sino el mismo Gabriel. Este ángel le testifica a Daniel que desde que Babilonia cayó y Darío tomó el poder él ya estaba animando y fortaleciendo a este rey. Era la influencia invisible detrás de la vida de Darío.

Gabriel entra en materia al decirle a Daniel: «... He aquí que aún habrá tres reyes en Persia». Scofield los identifica con: Asuero «Esdras 4:6); Artarjerjes (Esdras 4:7) y Darío (Esdras 4:24).[1] El comentarista bíblico Adam Clarke los considera como: Cambises, el hijo de Ciro; Esmerdis, un impostor que pretendió ser un hijo de Ciro, y Darío Histapis.[2] Otros comentaristas afirman que esos tres reyes son: Ciro el Grande, Cambises, el hijo de Ciro y Darío Histapis.

El hecho de que el ángel hablara de tres reyes persas y de un cuarto rey persa no limita el cumplimiento de la historia en cuatro reyes persas. La misma historia menciona más del número dado en esta profecía. El énfasis de la profecía está en el cuarto rey persa. De este rey se nos da dos descripciones: (1) Sería rico, «y el cuarto se hará de grandes riquezas, más que todos ellos». En la historia de Persia sólo un rey ha alcanzado el reconocimiento de haber sido el más rico; ése fue Jerjes I, conocido en el libro de Ester con el título de Asuero. Por la providencia de Dios se casó con Ester, haciéndola reina de su imperio, y por medio de este suceso preservó la vida de los judíos. (2) Le declararían la guerra a Grecia, «levantará a todos contra el reino de Grecia». Esta invasión tomó lugar en los años 483 al 480 a. C. Jerjes reinaba sobre 127 provincias, que se extendían de la India hasta Etiopía (Ester 1:1). De estas provincias reclutó un poderosísimo ejército. En su invasión empleó 1.200 barcos de guerra; 3.000 navíos de carga; 1.700.000 infantes; 100.000 soldados montados; 510.000 para guerrear desde el mar. La suma total era de 2.310.000 hombres. Estas cifras fueron calculadas por el historiador Herodoto. Unos cincuenta y cuatro años antes de esta guerra de Jerjes I contra Grecia ya a Daniel se le había revelado.

El imperio de Alejandro y su división (versículos 3-4)

Versículos 3-4: *«Se levantará luego un rey valiente, el cual dominará con gran poder y hará su voluntad. Pero cuando se haya levantado, su reino será quebrantado y repartido hacia los cuatro vientos del cielo; no a sus descendientes, ni según el dominio con que él dominó, porque su reino será arrancado y será para otros fuera de ellos.»*

207

Este «rey valiente» es Alejandro el Grande. En el año 331 a. C. este joven rey que fusionó el Imperio greco-macedonio derrotó en Arbela a Darío III. La historia nos declara que murió a los treinta y tres años de edad en Babilonia.

Sus descendientes trataron de reinar sobre el imperio. La profecía decía: «su reino será quebrantado y repartido hacia los cuatro vientos del cielo; no a sus descendientes». Su hermano Felipe reinó seis años. En el año 317 a. C. la madre de éste lo asesinó. Un hijo de Alajandro llamado Alajandro Ago IV reinó también seis años. En el año 311 a. C. corrió la misma suerte de su tío; fue asesinado. El general Casandro le dio muerte. Otro hijo ilegítimo de Alejandro, llamado Hércules, reinó brevemente, pero en el año 309 a. C. le quitaron la vida.

La expresión «los cuatro vientos del cielo» significa lo mismo que las «cuatro cabezas» del leopardo alado (Daniel 7:6) y que «los cuatro cuernos notables» (Daniel 8:8). Ya hemos discutido cómo el Imperio greco-macedonio finalmente se dividió entre los cuatro generales de Alejandro el Grande: Casandro, Lismaco, Seluco y Ptolomeo.

Los seleucidas y los ptolomeos (versículos 5-20)

Versículo 5: «*Y se hará fuerte el rey del Sur; mas uno de sus príncipes será más fuerte que él y se hará poderoso; su dominio será grande.*»

En este versículo se mencionan dos reyes: (1) Leemos: «Y se hará fuerte el rey del Sur.» Aquí se hace referencia a Ptolomeo I Lago. Se cuenta que Alejandro el Grande tenía ocho guardaespaldas, siendo Ptolomeo I uno de ellos. Con él comenzó la dinastía de los Ptolomeos o Lagidas. (2) Leemos: «más uno de sus príncipes será más fuerte que él...» Éste era Seleuco Nicator. En la batalla de Gaza peleó contra el general Antígono, apoyando a Ptolomeo I Lago. Esto fue en el año 312 a. C. De ahí que se le llame «uno de sus príncipes». Él tuvo un hijo llamado Antíoco I Soter, la profecía de Daniel 11 no hace referencia al mismo. Este último murió en guerra contra los gálatas, en lo que hoy se conoce como Turquía (Asia Menor).

Versículo 6: «*Al cabo de años harán alianza, y la hija del rey del Sur vendrá al rey del Norte para hacer la paz. Pero ella no podrá retener la fuerza de su brazo ni permanecerá él ni su brazo, porque será entregada ella y los que la habían traído, asimismo su hijo, y los que estaban de parte de ella en aquel tiempo.*»

En este versículo se menciona a dos reyes, el del «Sur», que se refiere a Egipto, y el del «Norte», que se refiere a Siria. El rey del Sur es Ptolomeo II Filadelfo y el rey del Norte es Antíoco II Theos. Éstos, al igual que sus predecesores, estaban en guerra. Con el deseo de poner fin a su enemistad deciden hacer un pacto de paz. Para este fin deciden unirse en familia, la hija de Ptolomeo II Filadelfo fue dada en casamiento a Antíoco II Theos. El nombre de la princesa ptolomea era Berenice.

Antíoco II Theos se divorció de su esposa Laodicea y se casó con Berenice. La profecía decía: «Pero ella no podrá retener la fuerza de su brazo ni permancerá él ni su brazo.» La fuerza del brazo que sostenía a Berenice puede referirse a su padre Ptolomeo II Filadelfo, el cual después de muerto su suegro no mostró el interés que tenía por su esposa egipcia.

Antíoco II Theos hizo que su anterior esposa,

Laodicea, volviera al palacio. Ésta, para asegurarse que no sería de nuevo rechazada, hizo envenenar al rey Antíoco y asesinar a Berenice su hijo pequeño. Lo único que le interesaba a Laodicea era el trono para su hijo Seleuco Calínico.

La expresión «los que la habían traído» se refiere a la servidumbre y a la guardia egipcia que daba protección a Berenice. Por otro lado, «los que estaban de parte de ella» es una alusión al padre de ésta y a su esposo sirio.

En cuanto a Ptolomeo II Filadelfo quisiéramos ofrecer un detalle histórico muy importante. Si algo lo ha inmortalizado fue la traducción al griego de las Escrituras hebreas, conocida como la Septuaginta (LXX). Para que los judíos le permitieran esa gran labor se comprometió a cumplir cuatro cosas: (1) Redimir a más de 100.000 judíos esclavos. (2) Hacer donaciones para el templo. (3) Contribuir con los sacrificios del templo. (4) Mostrar generosidad hacia el sumo sacerdote y a los traductores.[3]

Versículo 7: *«Pero un renuevo de sus raíces se levantará sobre su trono y vendrá con ejército contra el rey del Norte y entrará en la fortaleza y hará en ello a su arbitrio y predominará.»*

Este «renuevo de sus raíces» es una indicación a Ptolomeo III Evergetes, hermano de Berenice e hijo de Ptolomeo II Filadelfo. Tan pronto llegó al reino de Egipto comenzó a acariciar la idea de vengar la muerte de su hermana. Con un gran ejército invadió a Siria, y en el palacio real en Antioquía dio muerte a Laodicea, subyugó a Siria. El hijo de Laodicea, Seleuco II Calínico, huyó al exilio.

Versículos 8-9: «*Y aun a los dioses de ellos, sus imágenes fundidas y sus objetos preciosos de plata y de oro, llevará cautivos a Egipto, y por años se mantendrá él contra el rey del Norte. Así entrará en el reino el rey del Sur y volverá a su tierra.*»

Ptolomeo III Evergetes saqueó los lugares sagrados de los sirios y tomó un botín de cuarenta mil talentos de plata y cargó con unas dos mil quinientas imágenes. Debido a una insurrección que está desarrollándose en Egipto, el rey Ptlomeo tuvo que regresar, de lo contrario le hubiera infligido más daño a Siria.

Versículo 10: «*Mas los hijos de aquel se airarán y reunirán multitud de grandes ejércitos, y vendrá apresuradamente e inundará y pasará adelante; luego volverá y llevará la guerra hasta su fortaleza.*»

Como ya hemos referido, cuando Ptolomeo III Evergetes invadió a Siria, Seleuco II Calínico, hijo de Antíoco II Theos y Laodicea, huyó al exilio. Estos dos hijos abrigaron un deseo vengativo contra Ptolomeo III Evergetes. Ambos reunieron un poderoso ejército para luchar contra Egipto. Debido a que Seleuco III Cerauno, rey de Siria, no puedo pagarle lo prometido a su ejército, dos de sus generales lo envenenaron.[4]

El hermano de Seleuco III Cerauno, llamado Antíoco el Grande fue hecho rey de Siria. A este rey se refiere la segunda parte del versículo 10. Él derrotó al general del ejéricto egipcio llamado Niclás. El rey de Egipto era Ptolomeo IV Filopator. Cuando ya Antíoco III el Grande estaba a punto de tomar a Egipto se hizo un decreto de paz entre ambos reyes.

Versículo 11: «*Por lo cual se enfurecerá el rey del Sur y saldrá y peleará contra el rey del Norte, y pondrá en campaña multitud grande, y toda aquella multitud será entregada en su mano.»*

Ptolomeo IV Filopator ascendió al trono de Egipto por el mismo tiempo cuando Antíoco III asumió el reino de Siria. En Rafia, Ptolomeo IV Filopator se trabó en un encarnizado combate contra Antíoco III el Grande. El ejército compuesto por unos sesenta y dos mil infantes, seis mil soldados montados y ciento dos elefantes. Ptolomeo tenía tan sólo un ejército de alrededor de setenta mil hombres en total. No obstante, la victoria fue del rey de Egipto.

Versículo 12: «*Y al llevarse él la multitud se elevará su corazón y derribará a muchos millares, mas no prevalecerá.»*

Ptolomeo IV Filopator, después de tan dramática victoria en Rafia, volvió a Egipto. En sus manos tenía la oportunidad de someter completamente a Siria, pero no lo hizo, esa victoria lo llenó de orgullo. En su país continuó una vida deshonrosa dedicado a los placeres sensuales y entregados a los vicios. Estos dos reyes, Ptolomeo y Antíoco, entraron en un tratado de paz.

Se cuenta de Ptolomeo IV Filopator que un día fue a Jerusalén y presentó sacrificios. Luego quiso entrar en el lugar santísimo y fue impedido. A su regreso a Egipto persiguió y dio muerte a más de cuarenta mil judíos que residían en Alejandría.

Versículo 13: «*Y el rey del Norte volverá a poner en campaña una multitud mayor que la primera, y al cabo de algunos años vendrá apresuradamente con gran ejército y con muchas riquezas.»*

La paz entre Egipto y Siria duró catorce años. A la muerte de Ptolomeo IV Filopator le sucedió su hijo Ptlomeo V Epífanez, teniendo cinco años de edad. Ésta era una oportunidad que Antíoco III el Grande no quiso dejar pasar. Esta vez Antíoco tenía un ejército mayor y riquezas para pagarles a sus soldados y a los mercenarios.

Versículo 14: «*En aquellos tiempos se levantarán muchos contra el rey del Sur, y hombres turbulentos de tu pueblo se levantarán para cumplir la visión, pero ellos caerán.*»

El primer ministro en Egipto que manejaba los asuntos del niño Ptolomeo se llamaba Agatocles. Los habitantes de Alejandría se rebelaron contra él y le dieron muerte en compañía de su hermana, su madre y sus allegados. Agatocles buscaba tomar el control del reino de Egipto.

Otro de los que se levantó contra el rey Ptolomeo fue Filipo V de Macedonia. Éste hizo una coalición con Antíoco III el Grande. El acuerdo entre ambos reyes fue tomar a Egipto y dividirse el imperio.

Muchos judíos se rebelaron contra su propia religión y se inscribieron bajo el ejército egipcio a las órdenes de Scopas.[5] Estos judíos, lo que deseaban era la construcción de un templo en Egipto para que se cumplieran las profecías (Isaías 19:19, 30:18-25). Luego se rebelaron contra Egipto y se unieron a Antíoco III el Grande. El general Scopas los derrotó y tomó de Jerusalén un gran botín en riquezas.

Versículo 15: «*Vendrá, pues, el rey del Norte, y levantará baluartes y tomará la ciudad fuerte, y las fuerzas del Sur no podrán sostenerse, ni sus tropas escogidas, porque no habrá fuerzas para resistir.*»

El joven rey de Egipto había sido puesto bajo la tutela de Marcos Emilio Lepido y Aristómenes, bajo orden del senado romano. Lepido, que sabía de la invasión de Antíoco Y Filipo, envió a Scopas a buscar refuerzos en Roma. Scopas recibió nuevas órdenes de resistir a Antíoco III el Grande. Este encuentro tomó lugar en las inmediaciones del río Jordán, próximo al monte Hermón. Allí Scopas fue derrotado junto a su ejército de cien mil soldados debidamente entrenados. En Sidón buscó refugio con diez mil soldados; después de un sitio puesto por Antíoco, Scopas se rindió. Sidón es «la ciudad fuerte» que la profecía menciona. Allí Antíoco levantó una gran base militar y se atrincheró.

Versículo 16: «*Y el que vendrá contra Él hará su voluntad y no habrá quien se le pueda enfrentar, y estará en la tierra gloriosa, la cual será consumida en su poder.*»

En el año 198 a. C. Jerusalén y Judea pasaron a ser provincias de Siria. Los judíos se mostraron muy alegres con la entrada de Antíoco III el Grande. Le dieron provisiones y trataron bien a sus tropas. Según Adam Clarke este rey sirio mostró mucho favor a los judíos; los que estaban dispersos regresaron, y los sacerdotes y levitas no tuvieron que pagar tributos.[6]

Versículo 17: «*Afirmará luego su rostro para venir con el poder de todo su reino, y hará con aquél convenios y le dará una hija de mujeres para destruirle, pero no permanecerá ni tendrá éxito.*»

Por la influencia romana Antíoco III el Grande tuvo que hacer un tratado de paz con el joven Ptolomeo V Epífanez. La hija de Antíoco fue dada en casamiento a

214

Ptolomeo. La expresión «una hija de mujeres» es un indicativo de la gran belleza que poseía la princesa. El nombre de ella era Cleopatra; sería la primera de muchas reinas egipcias que llevarían ese nombre. Los planes de Antíoco fueron frustrados, su hija Cleopatra apoyó a su esposo, el rey Ptolomeo V Epífanez. De esta manera Egipto siguió teniendo en Roma a un aliado contra Antíoco.

Versículo 18: «*Volverá después su rostro a las costas y tomará muchas, mas un príncipe hará cesar su afrenta y aun hará volver sobre él su oprobio.*»

Con una flota de cien barcos grandes y doscientos pequeños, Antíoco emprendió la conquista de las islas ubicadas en el mar Mediterráneo. Entre estas islas se pueden mencionar a: Rhodas, Samos, Eubea y Colofón. En el año 190 a. C. Antíoco fue derrotado en Frigia, Magnesia.

Ya Antíoco había tenido tres encuentros con los romanos: (1) En su primer encuentro, cuando los romanos le preguntaron sobre lo que él hacía en Asia Menor, él reprochó: «Vosotros no tenéis más derecho de inquirir sobre lo que yo hago en Asia del que yo tengo para preguntar lo que vosotros hacéis en Italia.» A los romanos no les gustó esta actitud de Antíoco. (2) En su segundo encuentro iba en persecución de los griegos, los romanos se encontraron con él en las Termopilas y lo obligaron a pelear. (3) El tercer encuentro fue trágico. Siendo vencido por los romanos perdió al Asía Menor, los elefantes y los navíos, le fue impuesto un tributo anual a Roma y, en añadidura, sus hijos y parientes fueron llevados como rehenes a Roma.

En el verso 18 leemos «un príncipe hará cesar su afrenta». La Biblia de Jerusalén, en vez de «príncipe», explica «magistrado». Efectivamente ése era el título de Lucio Cornelio Escipión, el cónsul romano que derrotó a Antíoco III el Grande. Algunos comentaristas afirman que había, en realidad, dos Escipiones en esa batalla de Magnesia: (1) Lucio Cornelio Escipión Asiático. (2) Cornelio Escipión Africano.

Versículo 19: «*Luego volverá su rostro a las fortalezas de su tierra, mas tropezará y caerá y no será hallado.*»

Antíoco III el Grande, para poder pagar la deuda impuesta por los romanos, decidió apoderarse de las riquezas que estaban en el templo de Bel, en Elimaida. Los habitantes de Elimaida, Persia, se airaron contra esta profanación y dieron muerte a él y a los que lo acompañaron. Así terminó la vida Antíoco III el Grande en el año 187 a. C.

Versículo 20: «*Y se levantará en su lugar uno que hará pasar un cobrador de tributos por la gloria del reino, pero en pocos días será quebrantado, aunque no en ira ni en batalla.*»

Antíoco III el Grande fue padre de Seleuco IV Filopator y de Antíoco IV Epífanez. Su reinado fue de sólo doce años. Para pagar la deuda impuesta a su padre se dedicó a recaudar impuestos.

La tesorería, en Jerusalén, se enriqueció bajo el sumo sacerdote Onías III. Un judío llamado Simón, gobernador del templo, después de un desacuerdo Onías, le delató a Apolonio, un gobernador bajo las órdenes de Seleuco IV sobre las riquezas en el templo de Jerusalén. El rey seleucida comisionó a su ministro Heliodoro para que fuera al templo judío y se incautara de tales riquezas.

216

Al entrar al templo Heliodoro fue confrontado por ángeles de Dios, siendo herido por la coz de uno de los caballos que montaban aquellos seres celestiales. El sumo sacerdote Onías III intercedió ante Dios por la salud de Heliodoro, el cual se recuperó del golpe.[7]

El mismo Heliodoro asesinó a Seleuco IV Filopator. Los reyes de Pérgamo, llamados Eumeno y Atalo, le impidieron que tomara el reino sirio. El hermano de este Antíoco IV Epífanez fue elevado como el octavo rey seleucida. Esto sucedió en el año 175 a. C.

Antes de continuar con la exégesis de los versículos restantes de Daniel 11:21-45 quisiera presentar una genealogía de los seleucidas y otra de los ptolomeos. La misma la limitaré únicamente a aquellos reyes mencionados por Daniel en este capítulo 11:5-20.

LOS REYES DEL NORTE

Seleuco Nicator (301-281 a. C.)
Antíoco I Soter (281-261 a. C.)
Antíoco II Theos (261-246 a. C.)
Seleuco II Calinico (246-266 a. C.)

217

Seleuco III Cerauno (227-223 a. C.)
Antíoco III el Grande (223-187 a. C.)
Seleuco IV Filopator (187-175 a. C.)
Antíoco IV Epífanez (175-165 a. C.)

LOS REYES DEL SUR

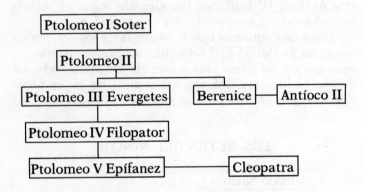

Ptolomeo I Soter (306-285 a. C.)
Ptolomeo II Filadelfo (285-247 a. C.)
Ptolomeo III Evergetes (247-221 a.C.)
Ptolomeo IV Filopator (221-213 a.C.)
Ptolomeo V Epífanez (205-181 a.C.)

Theos	=	dios
Soter	=	salvador
Epífanez	=	manifestado
Filopator	=	amigo de su padre
Calinico	=	el gloriosamente triunfante
Cerauno	=	rayo
Megas	=	grande
Evergetes	=	bienhechor
Cleopatra	=	hija del padre famoso

Antíoco IV Epífanez (versículos 21-45)

Versículo 21: «*Y le sucederá en su lugar un hombre despreciable, al cual no darán la honra del reino, pero vendrá sin aviso y tomará el reino con halagos.*»

Ya mencionamos cómo Seleuco IV Filopator fue asesinado por su ministro, Heliodoro. El derecho al trono le correspondía al joven Demetrio, hijo del fallecido rey seleucida. Antíoco Epífanez tenía unos cuarenta años de edad cuando comenzó su reinado. Para llegar al trono recurrió a la adulación, buscando el favor de Eumeno y Atalo, hermanos que reinaban sobre Pérgamo; Roma se puso de parte de él y Siria le brindó su cooperación.

Versículo 22: «*Las fuerzas enemigas serán barridas delante de él como con inundación de aguas; serán del todo destruidos, junto con el príncipe del pacto.*»

Heliodoro se había preparado con un poderosísimo ejército para resistir a Antíoco Epífanez. Con la ayuda de los reyes de Pérgamo, literalmente, barrió a sus opositores y se aseguró la corona seleucida. Este «príncipe del pacto» es una alusión al sumo sacerdote Onías III, a quien Antíoco Epífanez lo removió de su puesto, y luego removió a Jasón, porque Menelao le pagó más a aquél por este puesto. A sugerencia de Menelao, Andrónico, un representante de Antíoco Epífanez, le dio muerte a Onías III.[8]

Versículo 23: «*Y después del pacto con él engañará y subirá y saldrá vencedor con poca gente.*»

Antíoco IV Epífanez había hecho un pacto con Jasón y luego con Menelao. Jasón, con un ejército de unos mil hombres, atacó a Jerusalén para destituir a Menalo. Esta revuelta aparente, que no era más que un conflicto interno, llevó a Antíoco IV Epífanez, el engañador, a subir contra Jerusalén.

Versículo 24: «*Estando la provincia en paz y en abundancia entrará y hará lo que no hicieron sus padres ni los padres de sus padres; botín, despojos y riquezas repartirá a sus soldados y contra las fortalezas formará sus designios, y esto por un tiempo.*»

Este versículo es una referencia a la política empleada por Antíoco Epífanez en su reino. La nación sobre la que reinaba, Siria, había prosperado en riquezas y tenía paz. Diferente a sus predecesores, Antíoco fue liberal con el botín de guerra que se había acumulado. Él mismo lo repartió entre sus milicias, buscanso así el favor y la fidelidad militar.

Antíoco IV Epífanez sabía que los tutores del joven Ptolomeo IV Filopator exigían de él la devolución de Celesiria y Palestina. En cualquier momento una invasión del Sur podría confrontarle. Esto lo llevó a preparar sus defensas. A esto se refiere la expresión «y contra las fortalezas formará sus designios». Las palabras «esto por un tiempo» señalan ese período de preparación militar de parte de Antíoco Epífanez.

Versículo 25: «*Y despertará sus fuerzas y su ardor contra el rey del Sur con gran ejército, y el rey del Sur se empeñará en la guerra con grande y muy fuerte ejército, mas no prevalecerá, porque le harán traición.*»

Este versículo presenta la primera expedición que Antíoco IV Epífanez hizo contra Egipto, donde venció a su sobrino Ptolomeo VI Filomator. Esta invasión se realizó durante la primavera del año 168 a. C. Aunque los generales egipcios se habían preparado bien para resistir cualquier invasión siria, sus fuerzas militares no se pudieron mantener ante el ataque enemigo.

La expresión «porque le harán traición» se refiere a la traición que le hicieron sus propios ministros y oficiales del ejército. Éstos habían aconsejado a Ptolomeo VI oponer resistencia, pero luego, ante la fuerza enemiga, cedieron sin mucha lucha.

Versículo 26: «*Aun los que coman de sus manjares le quebrantarán, y su ejército será destruido y caerán muchos muertos.*»

A la mesa con Ptolomeo VI se sentaban a comer los mismos que después lo habrían de traicionar, suministrando, en muchos casos, al enemigo, información que fue usada en contra de los planes militares que se había trazado el ejéricto egipcio.

Versículo 27: «*El corazón de estos dos reyes será para hacer mal y en una misma mesa hablarán mentira, mas no servirá de nada, porque el plazo aún no habrá llegado.*»

Antíoco IV Epípanez y su sobrino Ptolomeo VI Filomator se reunieron muchas veces con el propósito de resolver sus diferencias. Una parte del Imperio egipcio estaba a favor de Ptolomeo Evergetes, hermano menor de Ptolomeo VI. Antíoco Epífanez trataba de establecer reconciliación entre sus dos sobrinos. Más que todo buscaba asegurarse el dominio sobre Egipto. En la misma mesa sentados sobrino y tío se mentían el uno al otro. Esto no servía de nada, los dos se estaban engañando.

Versículo 28: «*Y volverá a su tierra con gran riqueza, y su corazón será contra el pacto santo; hará su voluntad y volverá a su tierra.*»

Antíoco Epífanez no salió de Egipto con sus manos vacías. Se apoderó de un cuantioso botín de Egipto. A su regreso a Siria supo que entre los judíos estaba circulando el rumor de que él había muerto; esto lo indignó y dirigió su ejército hacia Jerusalén. Ya Jasón, el es sumo sacerdote, se había apoderado de Jerusalén. Esto le dio motivos a Antíoco Epífanez para descargar sus coraje contra indefensos judíos. En esa ocasión profanó el templo y se apropió de muchas riquezas.[9] A esto se refiere la expresión «su corazón será contra el pacto santo».

Versículo 29: «*Al tiempo señalado volverá al Sur, mas no será la postrera venida como la primera.*»

Los hermanos Ptolomeo VI Filomator y Ptolomeo Evergetes se unieron contra su tío. Antíoco VI Epífanez preparó un gran ejército y se dirigió a Egipto. Una vez allí puso un sitio a la ciudad, capital de Alejandría. Los romanos intervinieron y lo hicieron desistir de ese sitio. Roma estaba contra Antíoco Epífanez.

Versículo 30: «*Porque vendrán contra él naves de Quitim, y él se contristará y volverá y se enojará contra el pacto santo, y hará según su voluntad; volverá, pues, y se entenderá con los que abandonen el santo pacto.*»

222

Las «naves de Quitim (Kittim)» se refieren al Imperio romano. En Génesis 10:4 Quitim es uno de los nietos de Jafet e hijo de Javán. Se usa como referencia a Italia. Este nombre se cita en Números 24:24; Isaías 23:1 y Ezequiel 27:6. En la antigüedad, a la isla de Chipre se la conocía como Quitim. (Me he interesado un poco en este nombre porque me llamo Kittim.)

Fue ésta la famosa ocasión cuando Antíoco Epífanez le dijo a los delegados de Roma que le dieran tiempo para pensar antes de irse de Egipto. El representante principal de Roma, de nombre Pompilio, hizo un círculo alrededor de Antíoco para que se decidiera antes de salir del mismo. A los pocos días ya Antíoco iba de regreso a Siria.

Se sentía humillado por los romanos. Para desquitarse de su frustración envió a Apolonio, quien era jefe de los mercenarios, con un ejército de veintidós mil hombres contra Jerusalén. La mortandad fue grande sobre toda Jerusalén, y la misma ciudad fue destruida.[10]

Los judíos que renegaban de su fe recibieron consideraciones de parte de los opresores. Esto es lo que significa la expresión «y se entenderá con los que abandonen el santo pacto». A esto se refiere 1.ª Macabeos 1:52 cuando dice: «Muchos judíos, traicionando la ley, acudieron a cumplir estas órdenes.»

Versículo 31: *«Y se levantarán de su parte tropas que profanarán el santuario y la fortaleza y quitarán el continuo sacrificio y pondrán la abominación desoladora.»*

Este versículo nos introduce a la época macabea, cuando Antíoco Epífanez, en el año 168 a. C. profanó el templo judío con animales inmundos, levantando un altar pagano sobre el altar de los sacrificios y poniendo en el templo una estatua de su dios, Júpiter olímpico. La «abominación desoladora» describe tanto la descontinuación de los sacrificios judíos y la introducción de sacrificios paganos como el levantamiento de esa estatua blasfema.

> Versículo 32: *«Con lisonjas seducirá a los violadores del pacto, mas el pueblo que conoce a su Dios se esforzará y actuará.»*

Aunque muchos judíos apostataron de su fe ante las presiones impuestas por Antíoco Epífanez, hubo un remanente que por su fe en Dios se esforzó y actuó. Entre éstos podemos mencionar al anciano Eleazar, que prefirió morir a golpes antes de consentir comer carne de cerdo. Se le pidió que comiera carne de la que a los judíos la ley le permitiera, fingiendo que comía carne de cerdo.[11]

Otra historia que ilustra a este remanente que se esforzó y actuó es la de los siete hermanos que se resistieron a comer carne de cerdo. Uno a uno fueron mutilados, pero su madre los animaba y, finalmente, todos perecieron sin renegar de su fe.[12]

> Versículo 33: *«Y los sabios del pueblos instruirán a muchos y por algunos días caerán a espada y a fuego, en cautividad y despojo.»*

Uno de estos sabios fue Matatías, padre de Juan, Simón, Judas, Eleazar y Jonatán, los famosos macabeos. Éste resistió las propuestas sacrílegas que los funcionarios de Antíoco Epífanez le propusieron. Un judío que se dispuso a sacrificar sobre un altar pagano fue muerto por Matatías. El funcionario de Antíoco Epífanez fue también muerto por este defensor de la ley. Muchos judíos lo siguieron a las montañas. Su celo por la ley influenció la vida de sus hijos.[13]

Versículo 34: «*Y en su caída serán ayudadas de pequeño socorro, y muchos se juntarán a ellos con lisonjas.*»

Este «pequeño socorro» se refiere a la resistencia que ofrecieron los macabeos. Los hijos de Matatías formaron grupos de judíos que estaban dispuestos a morir por su fe. Los ejércitos que Antíoco Epífanez había enviado a Palestina sufrieron reveses bajo la táctica «guerra de guerrillas» que empleaban los hermanos macabeos. El nombre macabeo se aplicó originalmente a Judas, y luego se hizo popular entre sus hermanos. Según comentaristas es un título honorífico y significa «martillo». En efecto, el «pequeño socorro» se convirtió en martillos para los sirios.

La expresión «y muchos se juntarán a ellos con lisonjas» es una alusión a muchos judíos apóstatas que por librar sus vidas se pasaron del lado de los macabeos, cuando éstos obtenían victorias.

Versículo 35: «*También algunos de los sabios caerán para ser depurados y limpiados y emblanquecidos, hasta el tiempo determinado, porque aún para esto hay plazo.*»

Muchos de los sabios del pueblo fueron mártires por su fe. La persecución de Antíoco Epífanez no duraría mucho. Desde el año 167 hasta el año 164 a. C. el ejército sirio fue resistido por las escaramuzas de los macabeos. Finalmente, en el año 164 a. C., Judas Macabeo consagró de nuevo el templo judío.

El rey escatológico (versículos 36-45)

Los versículos 36 al 45 son un campo de batalla para muchos comentaristas del libro de Daniel. La

225

opinión en cuanto a la identificación del rey mencionado en estos versículos y de los eventos profetizados ha dado lugar a diferentes interpretaciones. Sin entrar en análisis detallados presentaré algunas de estas interpretaciones.

1. *El mismo Antíoco Epífanez.* Los comentaristas católicos romanos sostienen en muchas de las biblias comentadas, que los versículos 36 al 45 del libro de Daniel hallaron su cumplimiento en la persona de Antíoco Epífanez: (1) Antíoco Epífanez hizo que en muchas monedas se acuñara su imagen con los rasgos del dios Zeus olímpico. Además, en su persecución contra los judíos y el oponerse al culto a Jehová parece ser el cumplimiento al versículo 36. (2) Diferente a sus antecesores que daban culto al dios Apolo, Antíoco Epífanez adoraba a Júpiter olímpico. El dios de las mujeres era Adonis Tammuz, al cual Antíoco no respetó (Ezequiel 8:14). Lo dicho en el versículo 37 parece cumplirse en esto. (3) En los versículos 38 y 39 se nos dice del «dios de las fortalezas» y de «un dios ajeno». Este dios que aquí se menciona puede ser Júpiter olímpico o simplemente que el dios de Antíoco Epífanez era la guerra. (4) En los versículos 40 al 44 se habla de una expedición militar, la cual se atribuye a Antíoco Epífanez. La historia no tiene récord de una tercera invasión de Antíoco en Egipto. (5) En el versículo 45 se nos describe la muerte de Antíoco Epífanez, la cual en los versículos 21 al 35 se había omitido.[14]

2. *El rey Herodes el Grande.* El comentarista José Grau sostiene esta interpretación. De una manera magistral Grau se las arregla para que cada uno de los versículos 36 al 45 se cumpla en Herodes el Grande. A continuación citaré algunas de las opiniones de este escatólogo: «El cúmulo de testimonios históricos que corroboran la identificación del personaje de Daniel 11 con Herodes el Grande es tan enorme que ello no sólo

hace inevitable esta interpretación, sino que invalida las demás.»[15] «Las palabras "Y el rey..." (versículo 36) debieran bastar para comprender que se trata de Herodes. Porque sólo de Herodes dicen los evangelios que es "rey".»[16]

La manera como Grau inyecta la historia de los césares, de Cleopatra y de la relación que tuvieron con Herodes el Grande, dentro del texto bíblico, es fantástica. No obstante, es evidente que Grau fuerza el texto para acomodar sus propias reflexiones.

3. *El imperio de Francia y Napoleón Bonaparte*. El escritor Urías Smith hace encajar los versículos 36 al 39 con la revolución francesa a finales del siglo XVIII.[17] En los versículos 40 al 43, el escritor Smith sostiene que en los mismos se presenta el conflicto entre los franceses contra los egipcios y los turcos en el año 1789 d. C.[18] Lo profetizado en el versículo 44, según infiere dicho escritor, se cumplió en el año 1853, cuando Turquía declaró la guerra a Rusia.[19] El versículo 45 todavía señala un cumplimiento futuro.

Urías Smith pone a la profecía de su parte para apoyar sus conclusiones. En vez de interpretar el texto deductivamente, se acerca al mismo con el método inductivo. La interpretación que ofrece no nace en el texto, sino que él la inyecta al mismo.

4. *El anticristo*. Scofield, al igual que otros comentaristas de gran talla, ve al rey mencionado en los versículos 36 al 45 como el anticristo de los últimos días. Aun en la Biblia católica Nacar-Colunga se nos dice: «Por esto la explicación más razonable de estos versículos 40-45 es que el profeta, dejando la historia y apoyándose en ella, salta desde el gran perseguidor del pueblo judío a otro perseguidor del fin de los tiempos, al anticristo, que entonces vendrá a suscitar la última prueba del pueblo de Dios.»[20]

Aunque los versículos 36 al 39 pueden aplicarse a

Antíoco Epífanez, la misma secuencia de la profecía daniélica exige una aplicación a un rey todavía futuro. Los versículos 40 al 45 de ninguna manera se pueden aplicar a Antíoco Epífanez. En los mismos se presenta un conflicto todavía futurístico en su aplicación profética.

Versículo 36: «*Y el rey hará su voluntad y se ensorbecerá y se engranderá sobre todo dios, y contra el Dios de los dioses hablará maravillas y prosperara hasta que sea consumada la ira, porque lo determinado se cumplirá.*»

El anticristo será un líder voluntarioso, soberbio, y su liderazgo estará por encima de todo culto religioso (2.ª Tesalonicenses 2:4). En su arrogancia se levantará contra Dios mismo (Daniel 7:25; Apocalipsis 13:5-6). Él es el programa de Satanás (Apocalipsis 13:5). Pero ese programa estará bajo el control de Dios (Apocalipsis 13:11-14, 17).

Versículos 37-39: «*Del Dios de sus padres no hará caso, ni del amor de las mujeres, ni respetará a dios alguno, porque sobre todo se engrandecerá. Mas honrará en su lugar al dios de las fortalezas, dios que sus padres no conocieron; lo honrará con oro y plata, con piedras preciosas y con cosas de gran precio. Con un dios ajeno se hará de las fortalezas más inexpugnables y colmará de honores a los que le reconozcan, y por precio repartirá la tierra.*»

Todo esto se cumplió al pie de la letra en la persona de Antíoco Epífanez, pero habrá un cumplimiento final en el anticristo escatológico. La expresión «del dios de sus padres no hará caso» puede referirse a Jehová, el Dios de los judíos. O sea, que el anticristo será un judío apóstata que en poco tendrá al Dios de sus padres. El dios de él será la guerra (Apocalipsis 13:4).

Versículo 40: «*Pero al cabo del tiempo el rey del Sur se contenderá con él y el rey del Norte se levantará contra él como una tempestad, con carros y gente de a caballo y muchas naves, y entrará por las tierras e inundará y pasará.*»

La expresión «el rey del Sur» es una referencia a Egipto en el cumplimiento tipológico macabeo, pero en el escatológico es el pueblo judío; y «el rey del Norte» se refiere al anticristo. El anticristo ha de movilizar sus fuerzas militares contra Israel y Egipto poco antes del armagedón.

Versículo 41: «*Entrará a la tierra gloriosa y muchas provincias caerán, mas éstas escaparán de su mano: Edom y Moab y la mayoría de los hijos de Amón.*»

La «tierra gloriosa» aquí mencionada es Palestina o la moderna nación de Israel. Al paso de las huestes militares del anticristo, ciudades y provincias caerán. Sin embargo, Edom, Moab y la provincia de los descendientes de Amón no serán tocados por los ejércitos del anticristo. En Edom hay una antigua ciudad conocida como Petra, la ciudad rosada; es probable que allí Dios dé albergue a los 144.000 judíos sellados (Apocalipsis 12:14).

Versículo 42: «*Extenderá su mano contra las tierras y no escapará el país de Egipto.*»

La profecía ahora es clara. Se indica que el rey del sur es Egipto. La derrota de Egipto será completa.

Apoderándose de Egipto, el anticristo tendrá mayor acceso para tomar a Israel.

Versículo 43: «*Y se apoderará de los tesoros de oro y plata y de todas las cosas preciosas de Egipto, y los de Libia y de Etiopía le seguirán.*»

Evidentemente, el ejército del anticristo estará integrado por miembros nacionales de Libia y de Etiopía. Antiguamente Libia y Etiopía se aliaron a Antíoco Epífanez cuando éste tomó a Egipto. En los días finales, una vez más la historia se volverá a repetir. Es muy interesante que estas naciones tienen una fuerte tendencia socialista y que la influencia rusa se hace sentir sobre ellas.

Versículo 44: «*Pero noticias del Oriente y del Norte lo atemorizarán y saldrá con gran ira para destruir y matar a muchos.*»

Las noticias del Oriente se pueden referir a alguna movilización militar de los ejércitos de la China roja, del Japón y de otras naciones asiáticas. Las noticias del Norte pueden ser una alusión a Rusia. Toda esta movilización bélica hará que el anticristo saque sus fuerzas militares de Egipto y salga dispuesto a confrontar a sus enemigos.

Versículo 45: «*Y plantará las tiendas de su palacio entre los mares y el monte glorioso y santo, mas llegará a su fin y no tendrá quien le ayude.*»

La expresión «los mares» se refiere al mar Mediterráneo y al mar Muerto. En cuanto a «el monte glorioso y santo» es una alusión a Jerusalén. En su regreso de Egipto, el anticristo levantará sus campamentos militares en Jerusalén, posiblemente en el valle del armagedón (Apocalipsis 16:16; Zacarías 14).

La profecía nos da el final del anticristo, «mas llegará a su fin y no tendrá quien le ayude». En armagedón será derrotado por el Señor Jesucristo, y él y su compinche, llamado el falso profeta, serán echados al lago de fuego y azufre (Apocalipsis 19:20).

Notas bibliográficas

1. Biblia anotada de Scofield, *Comentario a Daniel 11:2.*
2. Adam Clarke, *Comentario de la Santa Biblia*, II, p. 332.
3. H. B. Carroll, *Daniel y el período intertestamentario*, pp. 217-18.
4. Adam Clarke, ob. cit., p. 333.
5. Ibid. p. 333.
6. Ibid., 333.
7. Léase en 2.ª Macabeos 3:1-40.
8. Léase en 2.ª Macabeos 4:7-38.
9. Léase en 1.ª Macabeos 1:16-24 y 2.ª Macabeos 5:1-27.
10. Léase en 1.ª Macabeos 1:29-40 y 2.ª 5:21-26.
11. 1.ª Macabeos 6:18-31.
12. 1.ª Macabeos 7:1-42.
13. 1.ª Macabeos 2:1-28.
14. Léase los comentarios a Daniel 11:36-45 en la Biblia de Jerusalén y Nacar-Colunga.
15. José Grau, *Las profecías de Daniel*, p. 207.
16. Ibid., p. 208.
17. Urias Smith, *Las profecías de Daniel*, pp. 230-37.
18. Ibid. pp. 237-45.
19. Ibid. p. 245.
20. *Comentario a Daniel 11:40-45* en la Biblia de Nacar-Colunga.

12

El tiempo del fin

Este capítulo 12 es el epílogo a la gran profecía que le fue introducida por el ángel, presumiblemente Gabriel, a Daniel en el capítulo 10 y que se desarrolló en el capítulo 11. Estos tres capítulo forman una sola secuencia. Son la continuación a lo que se comenzó a narrar proféticamente en Daniel 11:36-45. Es decir, predicen eventos que seguirán al entronamiento del anticristo escatológico.

La gran tribulación (versículo 1)

Versículo 1: «*En aquel tiempo se levantará Miguel, el gran príncipe que está de parte de los hijos de tu pueblo, y será tiempo de angustia cual nunca fue desde que hubo gente hasta entonces, pero en aquel tiempo será liberado tu pueblo, todos los que se hallen escritos en el libro.*»

La expresión «en aquel tiempo» (versículo 1) se emplea en este capítulo 12 con algunas modificaciones. A saber: «el tiempo del fin» (versículo 4); «¿Cuándo será el fin de estas maravillas?» (versículo 6); «¿Cuál será

233

el fin de estas cosas?» (versículo 8); «hasta el tiempo del fin» (versículo 9); «y tú irás hasta el fin» (versículo 13); «al fin de los días» (versículo 13).

Por su referencia y a la luz de todo el contexto del libro de Daniel, hay que entender dicho tiempo como algo escatológico. Es un tiempo que no se ha cumplido en ninguno de los eventos históricos de la nación judía o de la Iglesia de Jesucristo. Se cumplirá en la segunda mitad de la semana setenta de Daniel y culminará con el establecimiento del milenio.

Sin embargo, escritores del calibre de José Grau, gran escatólogo y bibliólogo, ven en el tiempo del fin un cumplimiento pasado en la toma de Jerusalén por Tito.[1] En este particular Grau ultraja el mensaje daniélico de su cumplimiento escatológico. Un análisis crítico a lo escrito por dicho autor revelará los muchos interrogantes que deja sin explicar. En su empeño por probar lo que cree inyecta al texto una interpretación forzada. En sus propias palabras leemos: «Aquí esta profecía queda conectada con la de las setenta semanas, cuyo fin es el mismo que se describe aquí: la ruina de Jerusalén y de su templo.»[2]

Según Scofield, «el tiempo del fin» comienza con la violación del pacto que el anticristo hará con los judíos, y terminará con la revelación de Cristo, que pondrá fin al ministerio de este diabólico personaje. Además, nos indica que la duración del mismo será de tres años y medio, todo el período de la gran tribulación.[3] Desde luego, tenemos que añadir que «el tiempo del fin» no sólo incluye la gran tribulación, también se le debe sumar el juicio de las naciones y el tiempo de restauración antes de que comience el milenio.

Del arcángel Miguel no necesitamos hablar mucho. Sólo señalaremos que en este pasaje se le describe como «el gran príncipe». Entre las huestes angelicales, Miguel ocupa un rango por encima de los demás ángeles. El ángel también le dijo a Daniel: «Está de parte de los hijos de tu pueblo.» El pueblo de Daniel era los judíos (léase Daniel 9:24). Miguel ha recibido la comisión divina de atender y defender a la nación de Israel. No dudo que en muchos de los conflictos bélicos que los judíos han tenido contra las naciones árabes, este arcángel ha tenido algo que ver con las victorias judías. Un día, en el cielo, conoceremos mucho más sobre este ángel, que es general en los ejércitos celestiales.

En Apocalipsis 12:7-9 se nos presenta una gran batalla en el cielo, donde los ejércitos de Miguel ponen en retirada del cielo a Satanás y a sus ángeles. Esta batalla descrita en Apocalipsis revela un doble cumplimiento, tanto en lo pasado, cuando Satanás fue arrojado del cielo, así como en lo escatológico, cuando en mitad de la semana setenta no se le permitirá más la entrada al cielo.

En la segunda parte de este versículo Daniel registra el mensaje que el ángel le dio sobre la descripción de aquel tiempo escatológico. Es de gran interés notar que Jesús citó casi textualmente lo escrito por Daniel.

> *«Y será tiempo de angustia, cual nunca fue desde que hobo gente hasta entonces, pero en aquel tiempo será libertado tu pueblo, todos los que se hallen escritos en el libro»* (Daniel 12:1).
> *«Porque habrá entonces gran tribulación, cual no la ha habido desde el principio del mundo hasta ahora ni la habrá. Y si aquellos días no fuesen acortados, nadie sería salvo, mas por causa de los escogidos aquellos días serán acortados»* (Mateo 24:21-22).

El «tiempo de angustia» y la «gran tribulación» son un mismo evento. Ese período de aflicción escatológico. En el pasaje de Daniel se habla de una liberación para el pueblo judío. Es claro que en la gran tribulación no se salvarán todos los judíos, sino «todos los que se hallen escritos en el libro». Este libro es el mismo que Juan describe en sus visiones apocalípticas (Apocalipsis 20:12).

Jesús también aclaró: «Mas por causa de los escogidos aquellos días serán acortados.» El mensaje de salvación predicado por Jesús en el contexto de estas palabras es más inclusivo y universal que aquel recibido por Daniel. Los «escogidos», para el Señor, son tanto judíos como gentiles, que creerán en Él como el Mesías y aceptarán el sacrificio vicario de su sangre (Apocalipsis 7:9, 14, 12:11, 14:12, 15:3).

Las dos resurrecciones (versículos 2-3)

Versículos 2-3: «*Y muchos de los que duermen en el polvo de la tierra serán despertados, unos para vida eterna y otros para vergüenza y confusión perpetua. Los entendidos resplandecerán como el resplandor del firmamento, y los que enseñan la justicia a la multitud, como las estrellas, a perpetua eternidad.*»

Daniel nos describe dos resurrecciones, una «para vida eterna» y otra «para vergüenza y confusión perpetua». Aunque el texto no lo parece separa ambas resurrecciones, sabemos, por el resto de la Biblia, que entre ambas habrá, por lo menos, mil años y un poco de tiempo (Apocalipsis 20:3-6). La primera es la resurrección de todos los justos. Esta resurrección incluye varias etapas en diferentes tiempos: (1) Cristo. (2) Los santos resucitados de la Iglesia en el traslado de la misma. (3) Los dos testigos. (4) Los santos de la gran

tribulación. (5) Los santos del Antiguo Testamento.
A esto se refirió Pablo cuando dijo: «Pero cada uno en su debido orden: Cristo, las primicias; luego los que son de Cristo, en su venida» (1.ª Corintios 15:23). Bien sabemos que la venida de Cristo consta de dos fases, el traslado y la revelación. En el traslado o rapto resucitan los santos de la Iglesia. En la revelación resucitan los santos de la gran Tribulación y quizá los del A.T.

La segunda resurrección se refiere a todos los injustos, pecadores, apóstatas, blasfemadores... Tomará lugar después que se termine el milenio y antes de que comience el estado eterno para todos los redimidos. Todos los pecadores resucitarán para vérselas con el Señor Jesucristo, con los santos y ángeles y con la Iglesia en el Juicio de los juicios. En Apocalipsis 20:11-15 el vidente de Patmos nos describe en lujo de detalles proféticos este juicio delante del gran trono blanco. Otra vez le remito a que lean Apocalipsis 20:5-6.

Los pecadores resucitarán literalmente. Así como pecaron con el cuerpo, serán también castigados. Por toda la eternidad sufrirán en su cuerpo y en su alma el castigo en el lago de fuego y azufre (Apocalipsis 20:15). Daniel registró las palabras del ángel; que serían resucitados «para vergüenza y confusión perpetua». Muchos criminales son sentenciados a cadena perpetua, físicamente hablando; Dios sentenciará a cadena perpetua tanto el alma como el cuerpo.

En cambio, la resurrección de los justos se compara al resplandor del firmamento, con su cuerpo glorificado brillarán por toda la eternidad. El hombre será «Supermán» y la mujer «Wonder Woman». Será algo glorioso el tener cuerpos indestructibles, poderosos, con los cuales podremos conquistar todo el universo. El cuerpo glorificado no se enfermará, no envejecerá, no se herirá, no necesitará descanso ni reposo. Lo más maravilloso es que con ese cuerpo nos reconoceremos

237

unos a otros; en el cielo no habrá extraños. Allí seguiremos teniendo nuestros nombres. Durante la eternidad viviremos aquí, en el planeta Tierra, con esos supercuerpos. ¿Lo cree usted?

La ciencia aumentará (versículo 4)

Versículo 4: «*Pero tú, Daniel, cierra las palabras y sella el libro hasta el tiempo del fin. Muchos correrán de aquí para allá y la ciencia se aumentará.*»

El libro que el ángel le ordena a Daniel sellar, después que hubiera terminado de escribir lo revelado por Dios, es este mismo libro de Daniel. Por muchos siglos el libro de Daniel fue un libro sellado para muchos. Después que Juan recibió las visiones que registra en el libro de Apocalipsis, el libro de Daniel estaba ya en el tiempo de ser abierto. No obstante, no fue hasta los últimos dos siglos cuando, con ahínco, los estudiantes serios de la Biblia se han acercado a este libro en busca de luz profética. Para muchos creyentes, predicadores, maestros de la Bibila, seminarios teológicos, este libro todavía está sellado.

El texto declara en su segunda parte: «Muchos correrán de aquí para allá y la ciencia aumentará.» Según muchos intérpretes, en este pasaje está la gran profecía de los inventos tecnológicos de los dos últimos siglos.

1. «Muchos correrán de aquí para allá.» En esta expresión, según la hermenéutica de algunos intérpretes, se hace alusión a los medios de transporte aéreos, terrestres, marítimos y, finalmente, espaciales. El ser humano, en los dos últimos siglos, ha visto la invención del tren, el avión, el automóvil, los modernos

238

trasatlánticos, cohetes espaciales... ¿No es esto algo maravilloso?

En Nahum 2:3-5 leemos: «... el carro como fuego de antorchas; el día que se preparare tamblarán las hayas. Los carros se precipitarán a las plazas con estruendo, rodarán por las calles; su aspecto será como antorchas encendidas, correrán como relámpagos... se atropellarán en su marcha...» Esta profecía de Nahum se ha cumplido en nuestro siglo con el invento del automóvil. Las luces de los automóviles, de noche parecen «como fuego de antorchas». La congestión de automóviles se hace evidente en los centros comerciales. «Los carros se precipitarán a las plazas...» Esta expresión también nos hace recordar de la manera alocada como manejan muchos conductores por las carreteras y avenidas. El ruido producido por las bocinas, los «mufflers» y desperfectos en los automóviles se escucha por dondequiera: «con estruendo rodarán por las calles». Los automóviles modernos se mueven a gran velocidad, «correrán como relámpagos». Los choques entre carros y otras causas por la negligencia de los conductores son una de las principales causas de muerte en los Estados Unidos: «se atropellarán en su marcha».

2. «Y la ciencia se aumentará.» La palabra ciencia significa literalmente conocimiento. Este conocimiento profetizado en esta expresión es doble en su aplicación. En lo científico, tecnológico, educacional... el hombre y la mujer han sido testigos de cómo en los últimos treinta años se han hecho descubrimientos e inventos que han ayudado a aliviar las presiones de la vida y a economizar el tiempo. Vivimos en la época de la computadora. Cuando yo era niño jugaba a los vaqueritos con muñequitos de goma. Mi hija Janet se sienta frente a la televisión y juega con juguetes computarizados.

En lo bíblico, las Sagradas Escrituras están ahora

239

al alcance de casi el mundo completo. Hoy día la Biblia ha sido traducida en unos 1.250 idiomas y dialectos. El evangelio se ha infiltrado en los lugares más remotos. Los medios modernos de radio-difusión han permitido que el mensaje de la cruz haya llegado donde el hombre no puede. Ésta es una época de gran evangelización.

El varón vestido de lino (versículos 5-10)

Versículos 5-6: «*Y yo, Daniel miré, y he aquí otros dos que estaban en pie, el uno a este lado del río, y el otro al otro lado del río. Y dijo uno al varón vestido de lino que estaba sobre las aguas del río: ¿Cuándo será el fin de estas maravillas?*»

El río que aquí se menciona es el «gran río Hidekel» (Daniel 10:4). El varón vestido de lino es el mismo que anteriormente se le apareció al profeta (Daniel 10:5). Creemos que ese personaje celestial descrito como un «varón vestido de lino» es el arcángel Gabriel. Se hace muy difícil aceptar al mismo como una teofanía.

Daniel vio otros dos ángeles parados; uno estaba en una orilla y el otro en la otra. El ángel principal o mensajero para Daniel estaba de pie sobre las aguas del río. Notemos que uno de los dos ángeles hace una gran pregunta: «¿Cuándo será el fin de estas maravillas?» Este interrogante me recuerda el de los discípulos al Maestro: «¿Cuándo serán estas cosas y qué señal habrá de tu venida y del fin del siglo?» (Mateo 24:3).

Versículo 7: «*Y oí al varón vestido de lino, que estaba sobre las aguas del río, el cual alzó su diestra y su siniestra al cielo y juró por el que vive por los*

240

siglos, que será por tiempo, tiempos y la mitad de un tiempo. Y cuando se acabe la dispersión del pueblo santo, todas estas cosas serán cumplidas.»

El varón vestido de lino hizo un juramento levantando sus manos al cielo. Él juró por uno mayor que él, es decir, «por el que vive por los siglos». Por lo tanto, no podía ser una teofanía. Cristo no hubiera tenido que jurar por nadie mayor que Él. La expresión «tiempo, tiempos y la mitad de un tiempo» señala la época de la gran tribulación (Apocalipsis 12:14). Aunque para nosotros es clara la señal dada por el ángel, para Daniel era oscura. El ángel también le profetiza que la dispersión mundial de los judíos, después de ese período descrito, terminaría.

Versículo 8: *«Y oí, más no entendí. Y dije: Señor mío, ¿cuál será el fin de estas cosas?»*

Daniel, con toda su experiencia como profeta, aunque inspirado para escribir, no fue iluminado para entender lo que él escribiría para nosotros. Los hombres de Dios son humildes en reconocer que no entienden todos los misterios divinos. Pedro, hablando de los escritos de Pablo, dijo: «... hay algunas difíciles de entender...» (2.ª Pedro 3:16). Tristemente, son muchos los ministros, maestros y predicadores que se creen que lo saben todo y que lo entienden todo. El orgullo los lleva a convertirse en enemigos de la educación y del estudio. Este tipo de ministerio está todavía usando «pantalones cortos».

A Daniel no le importaba volver a preguntar lo mismo que el ángel (Daniel 12:6). La manera de preguntar es llamativa: «Señor mío, ¿cuál será el fin de estas cosas?» La expresión «Señor mío» no se emplea como título divino, es más bien una manera de expresar respeto. Como estudiante devoto de la profecía, Daniel desea tener más detalles para entender todo lo que se le ha revelado.

Versículo 9: «*Él respondió: Anda, Daniel, pues estas palabras están cerradas y selladas hasta el tiempo del fin.*»

La respuesta del ángel Gabriel, según yo creo, es que la interpretación a lo revelado pertenecía al fin. No era de provecho a Daniel conocer su significado en sus días. Como profeta él vio y recibió mensajes que en el momento de Dios se entenderían. Ese momento de Dios ya nos ha llegado a nosotros.

Versículo 10: «*Muchos serán limpios y emblanquecidos y purificados; los impíos procederán impíamente y ninguno de los impíos entenderá, pero los entendidos comprenderán.*»

Scofield nos dice: «Esta profecía describe el estado moral del mundo desde el tiempo de Daniel hasta el fin. (Mateo 13:24-30, 36-43, 47-49).»[4] Juan, en Apocalipsis 22:11, dice algo similar: «El que es injusto, sea injusto todavía, y el que es inmundo, sea inmundo todavía; el que es justo, practique la justicia todavía, y el que es santo, santifíquese todavía.»

Esta obra de limpieza, emblanquecimiento y purificación me recuerda las dos obras de gracia: regeneración y santificación. Dios es quien regenera y santifica. El hombre necesita creer y aceptar por fe lo que ya Cristo hizo por él en la cruz ignominiosa del Calvario. Todo lo que el cristiano es y recibe es por gracia. Da pena ver cómo muchos creyentes han caído en el pecado de los gálatas, mezclando la ley con la gracia.

242

El tiempo determinado (versículos 11-13)

Versículos 11-12: «*Y desde el tiempo que sea quitado el continuo sacrificio hasta la abominación desoladora, habrá mil doscientos noventa días. Bienaventurado el que espere y llegue a mil trescientos treinta y cinco días.*»

José Grau considera que estas cifras de días se cumplieron en la época cuando se destruyó el templo judío y se tomó a Jerusalén por los romanos: «El primer ataque de las huestes romanas bajo el mando de un tal Cestio, nos dice Josefo en sus *Guerras judías* (II? 17, 10), tuvo lugar en el mes que corresponde a nuestro noviembre, cuando corría el año 66 d. C. El "sacrificio continuo" dejó de celebrarse en el mes de Panemus —equivalente del hebreo Tamuz— y que corresponde a nuestro julio; esto ocurría el año 70 d. C. Así, la medida de tiempo entre los dos acontecimientos es exactamente la de tres años y una parte del cuarto año. El período de 1.290 días es exactamente el que corresponde a 43 meses completos del calendario hebreo.»[5] «Dichoso el que sepa esperar y alcance mil trescientos treinta y cinco días, es decir, 44 meses y medio. En conexión con esto tenemos el relato histórico del hecho que el asedio se detuvo alrededor de un mes y medio después que el sacrificio cesara.»[6]

Lo dicho por Grau suena bien, pero no concuerda con el mensaje escatológico del libro de Daniel. Para Grau ya el libro de Daniel alcanzó su cumplimiento profético. En vez de ser un libro de profecía, es ahora un libro de historia. Esto despoja al libro de Daniel, en la actualidad, de su carácter escatológico.

Los «mil doscientos noventa días» son mil doscientos sesenta días o la gran tribulación más treinta días. Es decir, 43 meses. Estos treinta días extras parece que serán empleados en el juicio de las naciones y otros eventos relacionados con la revelación de Cristo.

Los «mil trescientos treinta y cinco días» encierran la suma de cuarenta y cinco días más los «mil doscientos noventa días». Esos cuarenta y cinco días pueden señalar el tiempo que transcurrirá después que se finalice el juicio de las naciones hasta que comience oficialmente el milenio. Puede que los setenta y cinco días a partir de los mil doscientos sesenta de la gran tribulación será un tiempo empleado en la obra de reacondicionamiento de la tierra para el milenio.

Versículo 13: «*Y tú irás hasta el fin y reposarás y te levantarás para recibir tu heredad al fin de los días.*»

Si algo este versículo desea enseñarnos es que Daniel no ha de resucitar junto con los santos de la Iglesia en el traslado. Él resucitará en la revelación de Cristo, junto a todos los demás patriarcas y santos del Antiguo Testamento, así como los santos mártires de la gran tribulación.

Notas bibliográficas

1. José Grau, *Las profecías de Daniel*, pp. 255-257.
2. Ibid., p. 257.
3. Biblia anotada de Scofield, *Comentario a Daniel 12:4*.
4. *Ibid., nota a Daniel 10:10*.
5. *José Grau, ob. cit., p. 254*.
6. *Ibid. p. 255*.

13
Las porciones apócrifas al libro de Daniel

La palabra «apócrifo» se aplica a catorce libros que tuvieron su aparición durante el período intertestamentario, una vez que fue cerrado el canon del Antiguo Testamento. Ninguno de estos libros se encuentra en el Antiguo Testamento hebreo. Originalmente aparecieron en la septuaginta y luego Jerónimo los incluyó también en la Vulgata latina. En el Concilio de Trento, celebrado en el año 1546 d. C., la alta jerarquía católica aceptó once de esos libros, los cuales aparecen en todas sus versiones bíblicas. Se refieren a ellos como los libros «deuteronómicos», es decir, que pertenecen a un segundo canon.

La inspiración de estos libros ha sido rechazada por el protestantismo debido a su carácter, el rechazo por parte de los judíos, el hecho de que Jesús ni ninguno de los escritores neotestamentarios los citó, los padres de la Igleisa no defendieron su paternidad e inspiración. Una lectura a los mismos convencerá al autor de la falta del Espíritu Santo en la palabra descrita.

Los libros apócrifos son los siguientes: 1.ª Esdras, 2.ª Esdras, Tobías, Judit, porciones al libro de Ester,

1.ª Macabeos, Eclesiático, Sabiduría, Baruc, el cántico de los tres jóvenes, la historia de Susana, Bel y la serpiente.

Poseo una copia exacta de la Biblia del oso, la versión de la Biblia que en el año 1569 d. C. publicó Casiodoro de Reina. Ésta fue la primera Biblia en castellano. Ya con anterioridad habían aparecido algunas versiones del Nuevo Testamento en castellano. Casiodoro de Reina, ex monge de la Orden de San Jerónimo, en desafío al Concilio de Trento (1563) y exponiéndose a ser víctima de la llamada «Santa Inquisición», dedicó doce años de su vida en la traducción y edición de esta versión.

En junio del año 1970 las Sociedades Bíblicas Unidas publicaron en cantidad limitada facsímiles de la obra original de Casiodoro de Reina. Así fue como llegó a mis mano una de esas copias. Es de interés notar que en la misma aparecen los libros apócrifos. Casiodoro de Reina los incluyó de esta manera: III de Esdras, IV de Esdras (a éstos les escribió debajo la palabra apócrifo), Tobías, Judit (los incluye entre Nehemías y el libro de Ester), las porciones apócrifas al libro de Ester (las incluye al finalizar dicho libro y antes del libro de Job), la Sabiduría, el Eclesiástico (aparecen entre el Cantar de los cantares y el libro de Isaías), el cántico de los tres jóvenes y la oración de Manasés (Reina los pone como un paréntesis entre los versículos 23 y 24 del libro de Daniel), la historia de Susana (la pone como el capítulo 13), Bel y Dragón (se constituyen en el capítulo 14), 1.ª y 2.ª de Macabeos (aparecen entre Malaquías y el evangelio de san Mateo), el libro de Baruc (lo ubica entre Lamentaciones y Ezequiel).

Quisiera también mencionar que los libros apócrifos aparecieron originalmente en la versión del rey Santiago (king James version), que se publicó en el año 1611. En la versión en alemán producida por Martín Lutero dichos libros también aparecieron. Actualmente la Sociedad Bíblica americana, en su versión popular Dios habla hoy, presenta dos ediciones; una que no incluye los libros apócrifos y otra que los incluye. Todas las porciones apócrifas las ubica entre el Antiguo y el Nuevo Testamento.

La lectura de estos libros, aunque no es de un carácter espiritual, es interesante y a la vez nos permite conocer algo del sentir judío durante el período intertestamentario. Por ejemplo, los libros de los macabeos son ricos en información histórica sobre la helenización impuesta por Antíoco Epífanez, la resistencia de parte de los temerarios macabeos, la profanación del templo y la rededicación. Durante los muchos años que he sido maestro en escatología he tenido como requisito en el curso la lectura y crítica a estos libros. Los alumnos se han beneficiado mucho.

Después de esta introducción ya estamos listos para presentar algunas notas a las partes apócrifas al libro de Daniel. Quisiéramos poder hacer una evaluación y dar algunos comentarios al resto de la literatura apócrifa, pero debido a que nos tomaría muchas páginas nos limitaremos únicamente a lo que al libro de Daniel atañe. Si alguna cita empleamos, la tomaremos de la versión Dios habla hoy.

Oración de Azarías

Lo primer que se nos dice es: «Sadrac, Mesac y Abed-nego caminaban en medio de las llamas cantando himnos y alabando a Dios, el Señor. Entonces Azarías, en medio del fuego, empezó a orar...» (3:24). Lo primer que intenta este autor apócrifo es de demostrarnos que los jóvenes hebreos nunca sintieron temor;

247

por el contrario, cantaban y alababan a Dios. Sin explicarnos él cómo fueron libres de sus ligaduras (Daniel 3:23), ya que para él el elemento milagroso no es lo más importante, sino la actitud de ellos ante la prueba, los presenta en una actitud de servicio a Dios.

En los versículos 26 al 45 el autor pone en labios de Azarías una oración. En la misma encontramos elementos de adoración (3:26), de reconocimiento a la justicia de Dios (3:27-32), de súplica (3:33-38), de confesión (3:39-40) y de consagración (3:41-45). Esta oración nos recuerda la de Esdras 9:6-15 y la de Daniel 9:3-19.

Versículos 46-48: *«Los hombres al servicio del rey que habían echado a los jóvenes al horno, no dejaban de alimentar el fuego con petróleo, brea, trapos y ramas. Y las llamas, que se elevaban hasta más de veintidós metros por encima del horno, salieron y quemaron a los caldeos que estaban alrededor del horno.»*

En estos versículos el autor trata de dar una explicación a lo referido en Daniel 3:22, donde se nos dice que el horno fue calentado mucho y la llama mató a los verdugos. Según él, el horno era alimentado con una mezcla de combustible que incluía: petróleo, brea, trapos y ramas. Es de notarse la exageración cuando afirma que las llamas alcanzaron una altura de veintidós metros. Su observación es que el horno no podía contener el fuego dentro. Al salir fuera alcanzaron a los verdugos de los jóvenes hebreos.

Versículos 49-50: *«Pero el ángel del Señor bajó al horno para estar con Azarías y sus compañeros, y echó fuera del horno las llamas de fuego, haciendo que el horno quedara por dentro como si soplara*

248

un viento fresco. El fuego no los tocó en absoluto ni les causó daño ni molestia.»

Ahora el autor apócrifo pasa a darnos una explicación del milagro ocurrido en el horno de fuego. Según él Dios se valió de dos cosas para realizar ese milagro: un ángel y un viento fresco. Lo del ángel está de acuerdo con el escrito de Daniel 3:25 y 28. Siempre he creído que los milagros divinos no se pueden explicar, pertenece a Dios el saber el cómo de los mismos.

En los versículos 52 al 90 se nos presenta a los jóvenes hebreos cantando a trío una alabanza de bendición a Dios. Los versículos 52 al 55 se dirigen a Dios con la expresión «bendito». En los versículos 57 al 87 se usan los términos: «bendigan», «bendíganlo» y «bendice». El propósito del autor es exigir de manera terminante la adoración a Dios. En el versículo 88 de Ananías, Misael y Azarías bendicen al Señor por haberlos librado del horno de fuego. Los versículos 89 y 90 llaman al pueblo a una acción de gracias y a una alabanza.

Los versículos 57 al 87 presentan una especie de letanía, correspondiendo la primera parte al lector congregacional y la segunda a la respuesta de la congregación. En todo esto lo que se quiere significar es el elemento litúrgico en la adoración a Dios.

Susana

En esta historia apócrifa se presentan algunos personajes: Joaquín, personaje rico y reconocido; Susana, mujer bonita y temerosa de Dios, esposa de Joaquín; los dos jueces ancianos, malvados e hipócritas en su observación de la ley, los cuales se llenaron de pasión

249

por Susana, y Daniel, joven sabio que salió en defensa de la acusada, Susana.

Según la historia, el año de los sucesos relatados fueron nombrados dos jueces que eran ancianos. Era la costumbre de ellos ir a la casa de Joaquín, y allí trataban con los que tenían algún problema. Todos los mediodías, Susana salía a pasear en su jardín, lleno de árboles. Por muchos días los ancianos se iban llenando de pasión lujuriosa. Ambos se guardaban el secreto para sí. Todos los días procuraban verla.

Un día después de haberse despedido el uno del otro, regresaron por otro camino. Al encontrarse los dos se confesaron mutuamente sus pasiones por Susana. Entonces decidieron velar a Susana hasta que estuviera sola para expresarle su pasión.

En una ocasión, cuando Susana salió a pasear por el jardín, acompañada de dos muchachas, decidió tomar un baño. Dio orden de cerrar las puertas del jardín. Los dos viejos, después que las muchachas se fueron, se allegaron a Susana y le pidieron que se entregase a ellos. Si no lo hacía la acusarían de haber estado adulterando con un joven.

Susana, al verse sin escapatoria, dice: «¡No tengo salida! Si hago lo que ustedes me proponen seré condenada a muerte y si me resisto no podré escapar de sus manos. Pero prefiero resistirme y caer en sus manos antes que pecar contra el Señor» (13:23).

Tanto Susana como los viejos comenzaron a gritar. Al llegar la gente los viejos contaron su mentira. Al otro día, estando el pueblo reunido en la casa de Joaquín, los viejos mandaron a buscar a Susana. Ésta vino con un velo sobre su cabeza. Ellos, para verle su belleza se lo mandaron quitar. Ante el pueblo le hicieron una acusación formal, todo el pueblo les creyó.

Susana gritó a Dios sabiendo que todo era una difamación. Dios, entonces, «despertó el Espíritu Santo en un joven que se llamaba Daniel» (13:45). Éste gritó: «¡Yo no me hago responsable de la muerte de esta mujer!» (13:46). Después de Daniel dirigir una exhortación al pueblo, fue invitado a sentarse con los ancianos del pueblo.

Daniel decidió interrogar por separado a los dos jueces malvados. A uno le preguntó cuál había sido el árbol donde Susana estaba con el joven. Él contestó: «Debajo de un castaño» (13:54). El otro viejo le respondió: «Debajo de una encina» (13:58). De esa manera, por los viejos haberse contradecido, Daniel salvó de la muerte a la bella Susana. El castigo que los viejos iban a aplicar a Susana el pueblo se lo aplicó a ellos, dándoles la muerte.

El autor apócrifo, por medio de la intervención de Daniel, defiende la integridad de Susana ante la difamación de aquellos jueces corruptos. En el período intertestamentario hubo mucha corrupción por parte de los líderes religiosos. Este escrito apócrifo es un fuerte llamamiento en favor de la integridad y la pureza espiritual. Susana es, al final, la heroína, cuya causa Dios defendió por medio del personaje que el autor llama Daniel. Es decir, Dios no abandonará a los suyos, saldrá a favor en su momento.

El contenido de la historia es la demostración que se debe vivir un testimonio intachable e íntegro. No obstante, no sentimos nada del Espíritu en toda su lectura. Como historia es interesante, como palabra de Dios no tiene nada.

Bel y la serpiente

Los primeros veintidós versículos de este capítulo 13 presentan la historia de Daniel y el dios Bel. Según la misma introducción del mismo capítulo, esto sucedió después de la muerte del rey Astiages y la sucesión de Ciro. Tal parece que este Astiages se asocia con el Darío de Daniel 6:28.

Según el relato en Babilonia se adoraba al dios Bel. La adoración incluía: «... seiscientos sesenta litros de la mejor harina, cuarenta ovejas y ciento treinta litros de vino» (14:3). El rey Ciro adoraba a Bel todos los días. Un día le preguntó a Daniel: «¿Por qué no adoras a Bel?» (14:5). La respuesta de Daniel fue: «Yo no doy culto a ídolos hechos por los hombres, sino al Dios viviente que creó el cielo y la tierra y que es el Señor de todos los hombres» (14:5).

Se hizo como el rey dijo. En el templo de Bel ministraban setenta sacerdotes, sin incluir a sus mujeres y niños. Se puede calcular que la familia sacerdotal sería como unas quinientas personas. Cuando el rey llevó los alimentos, los sacerdotes le dieron a él la llave del templo y se fueron. Los sacerdotes no se preocupaban de la situación, porque debajo de la mesa tenían una entrada secreta por donde se introducían y se comían todos los alimentos.

Daniel, usando toda su astucia y sabiduría, después que los sacerdotes se fueron, mandó derramar ceniza en el piso. Cuando el rey llegó no encontró los alimentos y se alegró. Daniel se rió y le mostró las pisadas de hombres, mujeres y niños sobre el piso. El rey llamó a los sacerdotes, quienes le confesaron que eran ellos los que se comían los alimentos. El rey los mandó matar. Daniel destruyó el ídolo Bel y el templo donde se le adoraba.

Bel es otro de los nombres por los cuales se conocía al dios Marduk, principal dios babilónico (Isaías 46:1; Jeremías 50:2, 51:44). La septuaginta, en el versículo 2, cita: «Había un hombre que era sacerdote, llamado Daniel, hijo de Abal, amigo del rey de Babilonia.» Por la historia bíblica sabemos que Daniel pertenecía a la realeza judía y no al sacerdocio. Esta discrepancia desacredita la historia apócrifa.

El deseo del autor es repudiar la idolatría como algo que es un engaño y que resulta en la ignorancia de los que la practican. Para él sólo el Dios de los judíos es el verdadero y el único. Durante el período intertestamentario, la idolatría griega, con su influencia romana, era evidente bajo el dominio de los seleucidas y de los ptolomeos. Por medio de su personaje, Daniel, en quien él encarna sus sentimientos, se ríe de la ignorancia pagana de ofrecer alimentos a los ídolos. También defiende la idea de que todo ídolo y templo pagano deben ser destruidos.

Los versículos 23 al 42 nos narran otra historia apócrifa del seudo-Daniel. En la misma se nos cuenta que en Babilonia se daba culto a una enorme serpiente. El rey Ciro le dijo a Daniel: «No puedes decir que éste no es un dios viviente! ¡Tienes que adorarlo!» (14:24).

La respuesta de Daniel fue: «Yo adoro al Señor, mi Dios, que es el Dios viviente. Si su majestad me da permiso mataré esa serpiente sin espada ni palo alguno» (14:25). Con el permiso concedido por el rey se nos dice: «Daniel tomó un poco de brea, grasa y unos pelos, lo puso todo junto a cocer, hizo unas tortas y se las echó en la boca a la serpiente; ella se las comió y reventó» (14:27).

Daniel, entonces, dice a los babilónicos: «Vean qué es lo que ustedes adoran» (14:27). Esto enfureció a los babilónicos, los cuales acusaron al rey de haberse hecho judío. Ante las amenazas de ellos, el rey le entregó a Daniel. Lo arrojaron a un foso que tenía siete leones, que diariamente se comían dos hombres muertos y dos ovejas. El día que echaron a Daniel no les habían dado nada de comer.

Por otra parte, el profeta Habacuc se encontraba en

Judá y había preparado una comida y echado panes en un canasto. Esto él se lo iba a llevar a los segadores. Un ángel de Dios se le apareció y le ordenó que le llevaran la comida a Daniel, que había sido echado al foso de los leones en Babilonia. Habacuc dijo: «Señor, jamás he estado en Babilonia ni conozco ese foso» (14:35). El ángel lo agarró por el pelo de la cabeza y lo trajo a Babilonia, junto al foso donde estaba Daniel. allí él le dio aquella comida. Luego, el ángel trajo de regreso al profeta Habacuc adonde estaba.

Siete días pasó Daniel en el foso de los leones. Cuando el rey Ciro llegó el séptimo día al foso de los leones vio a Daniel sentado. El rey dijo: «¡Qué grande eres, Señor, Dios de Daniel! Fuera de ti no hay ningún otro dios!» (14:41). Daniel fue sacado de ese foso y en su lugar sus acusadores fueron echados al foso, y los leones se los comieron.

Esta porción apócrifa nos recuerda la experiencia verdadera que tuvo Daniel bajo el reinado del rey Darío. En aquella ocasión el profeta fue arrojado al foso de los leones, donde un ángel de Dios les cerró las bocas a los mismos para que no hicieran daño (Daniel 6:16-24).

La receta con la cual Daniel preparó esas tortas, siempre que leo este relato, me dan ganas de reír; tortas de brea, grasa y pelos. La zoolatría, en la época antigua, era muy acentuada. El culto a los animales era muy popular. El autor apócrifo responde contra tal práctica señalando que el único Dios viviente es el que Daniel y el pueblo judío adoran. Si el seudo-Daniel mató con esas tortas la serpiente, era evidencia de que no podía ser un dios viviente. Los animales mueren, pero Dios no muere.

Ese relato sobre el ángel que tomó a Habacuc por el pelo suena muy fantástico e hiperbólico. La declaración de que a los leones les echaban todos los días dos hombres muertos y dos ovejas es inverosímil. El testimonio del rey Ciro (14:41) parece tener su modelo en el testimonio dado por Darío (Daniel 6:25-27).

La manera como Habacuc fue tomado por su pelo y transportado parece tener su origen en Ezequiel 8:3. Leamos esa porción bíblica: «Y aquella figura extendió la mano y me tomó por las guedejas de mi cabeza, y el Espíritu me alzó entre el cielo y la tierra y me llevó en visiones de Dios a Jerusalén...»

Bibliografía

Ball, Sunshine L., *Daniel y el Apocalipsis*, La Luz Bookstore, San Antonio, Texas.

Carballosa, Elvis, L., *Daniel y el Reino Mesiánico*, Publicaciones Portavoz Evangélico, Barcelona, España, 1979.

Carroll, B. H., *Daniel y el período intertestamentario*, Casa Bautista de Publicaciones.

Clarke, Adam, *Comentario de la Santa Biblia*, II, Casa Nazarena de Publicaciones, Kansas City, Missouri, 1974.

De White, Elena G., *Seguridad y paz en el conflicto de los siglos*, Publicaciones Interamericanas, California, 1971.

Enciclopedia británica, Macropedia, tomo I, 1974.

Graham Billy, *Los ángeles, agentes secretos de Dios*, Editorial Caribe, Miami, Florida, 1976.

Grau, José, *Las profecías de Daniel*, Ediciones Evangélicas Europeas, Barcelona, España, 1977.

Hágase tu voluntad , publicado por Wathtower Bible and Tract Society of New York, Inc., 1961.

257

Haag, V. D. Born, De Ausejo, *Diccionario de la Biblia*, Editorial Herder, Barcelona, España, 1963.

Halley, Henry H., *Compendio manual de la Biblia*, Editorial Moody, Chicago.

Ironside, H. A., *Daniel*, Fundación Cristiana de Evangelización, Argentina, 1972.

Jamieson, Fausset y Brown, *Comentario exegético y explicativo de la Biblia*, I, Casa Bautista de Publicaciones, 1967.

Josefo, Flavius, *The Jewish War*, Penguin Books, 1978.

La Biblia de estudio mundo hispano, Editorial Mundo Hispano, 1977.

Lindsay, Gordon, *God's Plan of the Ages*, Christ for the Nations, Dallas, Texas, 1971.

Pentecost, J. Dwight, *Eventos del porvenir*, Editorial Libertador, Maracaibo, Venezuela, 1977.

Petrie, Arthur, *The Message of Daniel*, Christian Publications, Pennsylvania.

Russell, D. S., *El período intertestamentario*, Casa Bautista de Publicaciones, 1973.

Scofield, C. I., *Biblia anotada de Scofield*, Spanish Publications, Miami, Florida, 1970.

Smith, Urias, *Daniel*, Publicaciones Interamericanas, California, 1949.

Stahr, J. A., *Daniel*, Escuela Bíblica Emmaus, México, 1976.

Stevens, W. C., *The Book of Daniel*, Christian Publications, Pennsylvania.

Unger, Merrill F., *El mensaje de la Biblia*, Editorial Moody, Chicago, 1976.

VERSIONES DE LA BIBLIA

Biblia de Jerusalén, Editorial Española desclee de Brouwer, Bilbao, 1975.

La Biblia al día, Paráfrasis, Spanish House Y Unilit, Miami, 1979.

La Biblia del oso, traducida por Casiodoro de Reina, 1569.

La Nueva Biblia latinoamericana, Ediciones Paulinas Verbo Divino, Madrid, 1976.

Nacar-colunga, Biblioteca de Autores Cristianos, Madrid, 1973.

Nueva Biblia Española, Ediciones Cristiandad, Huesca, Madrid, 1976.

Versión moderna, Sociedades Bíblicas en América Latina, 1967.

Versión Popular Dios habla hoy, Sociedad Bíblica Americana, Nueva York, 1979.

Reina Valera, revisiones del 1909 y 1960.

The Holy Scriptures, El Texto Masorético, The Jewish Publication Society of America, Philadelpia, 1955.

Santa Biblia, revisión 1977. Editorial CLIE, España.

1

Dr sch

2065 - Grand Conc.

192nd st

Ground floor

≠ Carmen

Levine 20:6:27

Billy Graham

8:oclock
360 - 1108